# 长期主义生存法则

《家族企业》杂志 主编 | 企业如何实现可持续发展

HOW
TO REALIZE
SUSTAINABLE DEVELOPMENT
OF ENTERPRISES

［德］赫尔穆特·科尔曼
Hermut Kormann
［德］苏明月
Birgit Suberg
著

北京大学出版社
PEKING UNIVERSITY PRESS

图书在版编目(CIP)数据

长期主义生存法则：企业如何实现可持续发展/(德)赫尔穆特·科尔曼,(德)苏明月著；《家族企业》杂志主编. —北京：北京大学出版社，2022.5

ISBN 978-7-301-26802-5

Ⅰ.①长… Ⅱ.①赫… ②苏… ③家… Ⅲ.①企业管理—研究—德国 Ⅳ.①F279.516.3

中国版本图书馆 CIP 数据核字(2022)第 065144 号

| | |
|---|---|
| 书　　　名 | 长期主义生存法则：企业如何实现可持续发展<br>CHANGQI ZHUYI SHENGCUN FAZE:QIYE RUHE SHIXIAN KECHIXU FAZHAN |
| 著作责任者 | 〔德〕赫尔穆特·科尔曼(Hermut Kormann)<br>〔德〕苏明月(Birgit Suberg)　著<br>《家族企业》杂志　主编 |
| 责 任 编 辑 | 刘冬寒　徐　冰 |
| 标 准 书 号 | ISBN 978-7-301-26802-5 |
| 出 版 发 行 | 北京大学出版社 |
| 地　　　址 | 北京市海淀区成府路 205 号　100871 |
| 网　　　址 | http://www.pup.cn |
| 微信公众号 | 北京大学经管书苑(pupembook) |
| 电 子 信 箱 | em@pup.cn |
| 电　　　话 | 邮购部 010-62752015　发行部 010-62750672　编辑部 010-62752926 |
| 印 刷 者 | 北京宏伟双华印刷有限公司 |
| 经 销 者 | 新华书店<br>890 毫米×1240 毫米　32 开本　8.375 印张　188 千字<br>2022 年 5 月第 1 版　2022 年 5 月第 1 次印刷 |
| 定　　　价 | 45.00 元 |

未经许可，不得以任何方式复制或抄袭本书之部分或全部内容。
**版权所有，侵权必究**
举报电话：010-62752024　电子信箱：fd@pup.pku.edu.cn
图书如有印装质量问题，请与出版部联系，电话：010-62756370

# 序言（一）
## 企业要追求的不是成功战略，而是可持续发展战略

2011年7月，工业和信息化部发言人在《中国产业发展和产业政策报告（2011）》新闻发布会上首次提出大力推动中小企业向专精特新方向发展，即专业、精细、特色和创新。2018年11月，工业和信息化部在《关于开展专精特新"小巨人"企业培育工作的通知》中指出，专精特新"小巨人"企业是专精特新中小企业中的佼佼者，是专注于细分市场、创新能力强、市场占有率高、掌握关键核心技术、质量效益优的排头兵企业。2021年7月中央政治局会议也指出，强化科技创新和产业链供应链韧性，加强基础研究，推动应用研究，开展补链强链专项行动，加快解决"卡脉子"难题，发展专精特新中小企业，将专精特新中小企业作为补链、强链中的重要力量。

这些概念与德国管理学家赫尔曼·西蒙（Hermann Simon）提出的"隐形冠军"（hidden champions）概念异曲同工，西蒙认为隐形冠军是市场工业产品领域高度专业化的专家。按照西蒙当时的估计，在所有的"隐形冠军"中，有一半位于德国。本书作者进一步解读了德国企业为什么能够在工业产品领域独占鳌头。

众所周知，今天德国企业在机床领域占有绝对优势。而在20世纪60年代，美国在这个领域还是遥遥领先，是什么原因让德国企业能够超越美国企业？1960年，德国的机床产量是美国的四分之三，而且德国的机床产量还是依托于出口，但到2013年之后，德国和日本就把美国远远地甩在了后面。

事实上，数控机床和激光机床最初的发明都源于美国，可以说，美国凭借创新在这一领域创造了绝对优势。在全球处于领先地位的美国机床企业大都是中型专业公司，而且这些公司大多由创始家族掌控。

但资本市场的张力最终使这类企业无疾而终。在当时的美国，对于大型上市工业集团和金融控股公司而言，成功的美国机床公司是极具吸引力的收购目标，因为这类公司可以帮助它们实现多元化战略。但不幸的是，完成了市场收购以后，这些机床公司对于新业主来说，只是他们投资组合中的一块"马赛克"，新业主只关注它们为股东创造的价值和绩效，这些企业根本无法获得产品研发需要的长期投资。因此，这些曾经在市场上占据主导地位的品牌大多逐渐变成了"平庸之辈"，甚至消失了。

我们认为，那些此前落后的德国企业因此有了超越的机会，而它们之所以能够跃居领先地位，其中最根本的原因在于这些公司专注于技术和创新。因此，作者认为企业要追求的不是成功战略，而是可持续发展战略，二者的差异是显而易见的。成功战略注重"采取什么样的战略"，而可持续发展战略注重的是"目标是什么"。从根本上来说，通过不断地挖掘创新潜力，实现目标的战略方法也应该是多样化的。而企业要想长期生存，则必须满足所有可持续发展的前提条件。例如，在企业发展中需要长期保证"盈利能力"或"财务稳定性"。

支持专精特新中小企业的发展在2021年被提升到国家战略层面。毋庸置疑，多样化的、充满活力的中小企业，是中国经济未来最坚实的基础。专精特新"小巨人"企业显然不是一纸政策就能够"培育"起来的。即使在政策支持下，资本蜂拥而至，市场仍然遵循淘汰逻辑。

美国《财富》杂志曾报道，美国中小企业的平均寿命不到7年，中国中小企业的平均寿命更是只有2.5年。只有少数公司能够向世人证明，自己拥有随环境变化而迅速改变、从容处理周遭复杂情形的能力。

从理论上来说，人的寿命是有限的，而企业存续的时间可以是无限的。但是现实中，大多数自然人创办的企业，其寿命通常都没有自然人的寿命长。而长寿企业在企业群体中只占极小的比例。而那些传承了很多代的家族企业的寿命比人的自然寿命长了许多，甚至可以超过几代、十几代，乃至几十代，因此被称为"百年企业"。这类企业因为"隐形冠军"这个概念，受到人们的关注。

应该说，长寿企业是企业群体中最优秀或者比较优秀的那类企业。既然长寿，在其发展过程中一定会遇到一般企业没有遇到过的问题。因此，有人说，当我们在谈论家族企业的时候，实际上是在谈论它们历经的无数次危机。

每一次危机，都让百年家庭企业变得更加坚韧，也让它们得以进化发展。我们采访过的世界各地的百年家族企业掌门人，几乎都传达过这样的意思："创业到现在，遭遇的灾难和危机太多了。""这次危机并不是最严重的，而且这样的危机对我们来说不是第一次，肯定也不是最后一次。"法国温德尔（Wendel）家族，曾遭遇三次战争，据家族统计，几乎每四五十年就会遭遇一次重大危机；德国华洛芙（Wellendorff）家族，在第二次世界大战中，家园和企业全都变成废墟，除了身边的家人，一无所有。有统计估算，包括自然灾害、金融危机、社会动荡和战争在内的外部危机，平均每家百年企业大约要经历15次。

延续和传承是家族企业的诉求，追求长久发展、基业长青也是家族企业的目标。虽然每个百年家族企业的战略思维、运营模式各不相同，但是长期主义的导向和价值观正是这些家族企业长远发展的源动力，帮助它们实现了长治久安。

对不少中国企业家来说，百年企业、长寿企业只是停留在脑海中的一种理想状态，或者是人们向往的一个美好的目标，但是2020年的这场疫情，像突然按下了暂停键，让我们意外地有机会感受到了企业生存的脆弱性，体会到那些百年企业的百年正是经历并渡过危机的百年。

对于中国企业家而言，百年企业、长寿企业还是一个鲜有提及的概念，因为中国改革开放至今只有四十多年时间，中国民营企业也刚刚进入两代人的交接期，向专精特新"小巨人"企业转型也是一种选择。对于更多民营企业而言，这一转型既是发展问题，也是生存问题。虽然专精特新中小企业在2021年被提升到国家战略层面，得到了政策的大力扶植，但成就"小

## 序言（一）

巨人"企业、再造企业的可持续发展需要的是企业内功。

显然专精特新"小巨人"企业并非一日练就，除了良好的营商环境，背后还离不开关键的"企业家精神"和"十年磨一剑"的创新定力，需要培育企业自身核心技术、市场经营和企业治理优势，锐意进取，才能实现小而美、小而专、小而精、小而强、小而久。如何做到专业化、精细化、特色化、新颖化？如何以专精特新为方向，聚焦主业、苦练内功、强化创新，把企业打造成为掌握独门绝技的"单打冠军"？德国家族企业的经验值得借鉴。

《家族企业》杂志
2021年8月

# 序言（二）
# 在历史面前，我们都深怀敬意

德国是一个以盛产百年以上的长寿家族企业和隐形冠军而享誉全球的国度，"德国制造"受到世界制造业的追捧并成为很多国家制造业发展的标准。德国企业追求创新与精益求精，中国家族企业也从中获益很多。在这样的背景下，赫尔穆特·科尔曼和苏明月两位教授聚焦于德国家族企业，全面、深入地剖析了德国家族企业的长寿基因，是一本集理论与实践于一体的专著。

赫尔穆特·科尔曼和苏明月两位教授对于家族企业的可持续发展及其长寿密码有着独树一帜的见解。他们明确提出了企业长寿的三个前提条件：（1）长期定位，即我们在研究中所说的"企业长寿的意愿"。（2）有利于企业正常发展的环境。（3）能让企业在环境中有效利用机会，并且具备应对威胁企业发展的各种危险的能力或素质。可以说，这三个条件基本上囊括了企业的主观意愿、企业的可持续发展环境、企业应对不确定性的能力三个方面，对于研究家族企业的长寿、传承及其影响因素具有重要意义。

这本书有许多深刻的见解。比如，"低速增长才是德国家族企业的长寿之道"。这个观点是科尔曼教授从很多百年家族企业的管理实践中提炼出来的,是带有时间跨度的洞见,对于现实中很多"一夜暴富"的家族企业,以及在初创阶段之后面临爬坡的因低速增长而深陷焦虑的家族企业,无疑是一剂"抚慰"和"治愈"的良药。

又比如,对于创始人配偶的七个角色的描述——"创始人的伙伴""高层管理者""治理中的顾问和监督者""下一代的父母""家庭冲突的调解人""家庭财富的安全港(特别是退休以后)""紧急情况下的继任者",能够给有需要的家族企业提供对号入座式的指导。

再比如,作者提出了长寿企业的"传承思维"这个概念,这是具有创新意义的。"传承思维"意味着成为一家百年企业不是一蹴而就的,企业需要一直坚持长期导向,从战略思维的角度、定位的角度、企业愿景的角度都必须明确包含长寿的理念。这是从认知、心智层面上渗透着长寿企业的前提条件,这种思维引导对于企业发展和传承具有深刻而持久的影响力。

过去的关于家族企业传承的研究往往纠结于家族企业与非家族企业的区别,传承、家族情感、家族所有权等是家族企业特有的,而在其他管理、经营方面,各家族企业之间似乎很少有共性。本书作者为我们提供了非常接地气的案例分析和管理实践方面的探讨,丰富和拓展了现有的研究,也帮助我们打开了思维和视野。

从这本书里,我们还能看到"衰退期策略""不景气行业策略"等内容,结合德国家族企业案例分析,能够帮助当前深受新冠疫情影响的中小企业和家族企业舒缓经营压力、破解经营困局，从而汲取在危机中崛起、在废墟中涅槃的力量。

这本书的风格也很独特，不仅有理论阐述，还有应用工具（如OODA循环模型），这些工具可以帮助读者对实际案例进行分析；不仅有真知灼见，还有案例分析、访谈对话，从生动活泼的对话中，可以感知事件发生的场景，对话双方的心理活动和沟通过程中即兴创造的需求，给读者很强的代入感。

适逢科尔曼教授80岁生辰，他深邃的专业洞见、丰富的管理实践经验和多彩的人生履历，凝结成本书中的智慧结晶，也给中国读者打开了一扇了解和研究德国企业的智慧之窗，架起了文化交流沟通的友谊之桥。在历史面前，我们都深怀敬意！

北京理工大学中外家族企业联合研究中心主任　裴蓉教授
2022年5月

# 目　录

**第一章　什么是长期主义　/ 001**

一、经济衰退有时候是好事　/ 001

二、可持续发展的前提条件　/ 004

三、家族企业的"耐心资本"　/ 008

四、不确定性中的迭代法则　/ 011

**第二章　长期主义导向　/ 014**

第一节　什么是可持续发展战略　/ 016

一、什么是成功　/ 016

二、被忽略的关键因素　/ 016

三、成功没有通用配方　/ 019

四、安娜·卡列尼娜原则　/ 021

第二节　短期行为的危害性　/ 024

一、股东价值理论的危险性　/ 024

二、机床为什么是"德国制造"　/ 025

三、德国家族企业的投资逻辑　/ 027

四、企业管理中的短期行为　/ 029

五、长期主义导向检测：OODA循环模型　/ 031

六、什么时候必须实行短期行为　/ 034

　第三节　可持续发展企业特质　/ 035

　　一、家族企业与上市公司的区别　/ 035

　　二、要长寿，先"体检"　/ 036

# 第三章　长期主义的战略选择　/ 040

　第一节　为什么需要可持续的业务模式　/ 040

　　一、不存在永远增长的行业　/ 040

　　二、因适应而可持续　/ 043

　　三、可持续的商业模式　/ 045

　第二节　影响盈利能力的因素　/ 048

　　一、不同的生产方式　/ 049

　　二、产品质量是最重要、最有价值的 KPI　/ 052

　　三、可管理的增长方式　/ 055

　　四、基于综合盈利能力的财务稳定性　/ 056

　第三节　创新和投资需求　/ 062

　　一、企业的创新需求　/ 062

　　二、企业的投资需求　/ 067

# 第四章　长期主义的组织特性　/ 072

　第一节　企业的自然属性与社会属性　/ 072

　　一、企业寿命和企业家寿命　/ 072

　　二、所有者（股东）群体对企业战略的影响　/ 075

　　三、长期任职的优势　/ 082

第二节　威胁企业生存的风险　/ 085
　　一、可能威胁企业生存的三大危险　/ 085
　　二、企业在宏观经济中的生存能力　/ 091

**第五章　长期主义的治理法则　/ 095**
　第一节　治理模块和任务　/ 095
　　一、治理与可持续性的相关性　/ 095
　　二、公司治理的任务和方式　/ 096
　　三、间接领导的手段　/ 099
　　四、外部咨询　/ 100
　第二节　公司治理场景　/ 100
　　一、创始人怎样治理自己的企业　/ 100
　　二、将"创造紧迫感"当作治理的任务　/ 104
　　三、财务数据解读中的10个误区　/ 109

**第六章　可持续性企业的增长思辨　/ 115**
　　一、德国家族的企业增长规律　/ 115
　　二、确立可持续发展的资本投资计划　/ 119
　　三、利润合理才能生意兴隆　/ 122
　　四、德国家族企业的并购逻辑　/ 126

**第七章　企业可持续性的传承思维　/ 132**
　　一、创始人面临的两个陌生情境　/ 132
　　二、如何在下一代手中实现长期增长　/ 134

三、复杂的全面继任计划 / 141

四、如何选择职业经理人 / 149

五、职业经理人的专业素养 / 153

六、专业化治理家族企业——设立治理董事会 / 155

七、创始人配偶的七个角色 / 157

八、第二代股东的配偶应该怎么做 / 161

九、只有有声誉的家族才能将自己的姓氏赋予企业 / 164

第八章　长寿的德国家族企业 / 166

一、德国经济的支柱——结构多样化的家族企业 / 166

二、德国家族企业的成长与长寿 / 170

三、德国长寿企业的成功因素 / 182

四、德国五大协会——工匠精神的摇篮 / 187

五、德国家族企业为什么拒绝IPO / 190

第九章　对话德国长寿企业掌门人 / 195

一、传统是不成文的成功法则——梅茨勒银行梅茨勒家族第十一代弗里德里希·冯·梅茨勒 / 195

二、开发"我自己的"机械产品——德国通快公司联合创始人贝特霍尔德·莱宾格 / 204

三、复杂公司的简单战略——凯驰公司CEO哈特穆特·詹纳 / 214

四、"我们俩对过渡方案都感到很满意"——威腾斯坦监事会主席曼弗雷德·威腾斯坦与董事会发言人安娜-凯瑟琳娜·威腾斯坦 /222

五、步步为营的交接班——维思聆公司家族企业代表黛安娜·维思聆和维思聆公司国际业务发展部部长安娜·维思聆 /232

六、独立性和治理机制的契合——福斯油品集团曼弗雷德·福斯博士和斯蒂芬·福斯父子 /240

七、强大的连接——曼奈柯斯公司华尔特·曼奈柯斯和克里斯托弗·曼奈柯斯父子 /246

# 第一章
# 什么是长期主义

## 一、经济衰退有时候是好事

对于企业而言,每当新财经年度来临的时候,往往是人们预测新一年度商业趋势的时候。这是因为人们常常觉得新年伊始一切都会改变。但是试想,12 月份和次年 1 月份会有什么不同吗?我们知道,仅从连续的时间来看,这两个月并没有什么差异。当然,在新财经年度到来之时,无论是中国企业,还是欧洲企业,这个时候都在为下一个财经年度准备预算。

但是事实上,人们往往忽略的一点是,在市场之中的任何企业,事实上时刻都面临着种种变化。

有企业家会担心我们是否会又一次迎来经济衰退。当然,并没有人确切地知道下一场衰退何时到来。可以肯定的是,就像我们在过去 150 年的工业发展历程中经历过的,我们一定会再次面临一场经济衰退。

在最近一个世纪里,我们每一代人都经历过每 10 年一次的经济衰退——当然,战争时期例外。而 2008—2009 年的衰退则是一场非常严重的衰退,但延续时间很短——原因同样在于中国经济发展态势良好，同时得益于全球各国的中央银行和政府注入的大量资金。最近一次经济衰退是仍在持续的全球疫情导致的。

经济衰退的原因是与一个地区或一个行业市场的整体供应相比，需求减少。这种需求减少的冲击连长期保持正增长的国家也不能幸免。如果你处在经济增长率高的地方，譬如，在经济平均增长率曾高达8%的中国，如果你所在的行业在一场衰退中增长下降10%，那么，这场衰退就会导致有效需求比前一年降低2%。但德国的国民生产总值平均增长率为2%—3%。一场衰退导致经济增长下降10%，那么，有效需求会比前一年降低7%—8%。对于企业来说，这是很严重的需求衰退，也是无法靠销售部门加大销售力度来补偿的。

但不同行业的衰退程度是不同的。比如，政府投资的上游行业衰退程度较低，食品等基本消费品行业的衰退程度也较低，而家具、厨房设备和汽车等耐用消费品市场的衰退程度则较高。当然，包括器械在内的面向工业客户的生产资料市场衰退程度最高。很显然，对投资者来说，经济衰退意味着利润的缩减，从而会进一步减少资本投资。而在经济衰退之前的年份往往是十年经济周期中最好的年份，企业会在这些年份中大量进行设备投资。但在衰退时期，这些增加的存量资本往往无法得到充分利用。因此，企业在短期内不再需要额外的设备，对资本货物的需求也随之锐减。

因此，应对衰退需要特定的管理方法。我喜欢用这样一个比喻：常态管理和衰退管理之间的区别，就像正常医疗和急救医疗的区别。在正常情况下,医生会对你的身体状况进行某些检测,之后根据检测结果做出诊断,并确定疗法。实施紧急救助时医生没有时间做出从容的诊断,但他们有一套清晰的优先处置方案:首先要清理呼吸道让病人呼吸,其次止血,最后稳定血液循环。衰退管理也有类似的优先顺序。第一步是确保按时交付现有订单。第二步是终止企业的所有"失血"行为。在好年景时,企业可以承担某些订单的流失,但在糟糕年景时,必须要避免任何导致利润流失的风险。当出货量进一步减少时,至少要将定价保持在企业可以接受的价格范围内。第三步是稳定现金流,比如减少资本投资等。

创始于 1674 年的梅茨勒(Metzler)银行,是德国最古老的家族金融机构,它最初是一家布匹贸易企业。梅茨勒银行所在的法兰克福(Frankfurt)地处欧洲重要的贸易通道,尽享地利之便。后来,法兰克福的经营重点渐渐集中于委托贸易和航运业务,到了 17 世纪末,法兰克福成了商贸和金融交易的结合地。航运业务、委托贸易和短期借贷的融合,让法兰克福出现了许多私有银行。1738 年,约翰·耶利米亚·梅茨勒(Johann Jeremias Metzler)将自己视为同时从事商贸和汇票业务的商人。在克里斯蒂娜·芭芭拉·梅茨勒(Christina Barbara Metzler)的领导下,这家公司于 1760 年前后完成了由贸易企业向银行转变的过程。在 18 世纪,梅茨勒银行曾为普鲁士王室提供资金支持。拿破仑时代的梅茨勒银行终止了为国家放贷的业务,转而从事证券交易和证券保管业务。

在三百多年时间里,梅茨勒银行靠自己的力量挺过了 1929

年的世界经济危机和 1931 年的银行业重大危机。在"德意志第三帝国"（The Third Reich）和第二次世界大战期间，由于该行业受到了法律监管，加之德国与外部世界的相互隔绝，银行业日渐式微。1944 年 3 月，法兰克福的梅茨勒银行大楼被一场空袭引发的大火摧毁，银行里的资料与文件也不复存在了。战争结束后，银行业务开始缓慢恢复。梅茨勒银行的所有者决定，采用数年前遵循的战略路线，复兴银行业。在接受我们采访时，梅茨勒家族第十一代成员弗里德里希·冯·梅茨勒（Friedrich von Metzler）告诉我们："这时候，梅茨勒家族已为在 20 世纪 70 年代末稳定下来的全球证券市场扩张做了非常充分的准备。"

这也是企业需要不时经历经济衰退的原因所在。在这种形势下，企业得以提升危机情境管理的能力。每个公司迟早都会因为某些原因经历危机。那些一直吉星高照的成功企业家，常常也因为缺乏危机管理经验而面临极高风险。所以，对家族企业的管理者而言，一场小型危机（如一场常态衰退），实际上大有助益，可以帮助管理者积累应对严峻挑战的宝贵经验。

这是一本关于企业可持续发展的书，本书之所以以介绍衰退和危机开始，是因为企业要想基业长青、实现可持续发展，前提条件是企业在经历重大危机后依然可以存续，并始终坚持长期主义导向。

## 二、可持续发展的前提条件

提到战略，人们始终关注的是企业如何从当下向未来发展。当然有时候，企业会陷入危机，而陷入危机后的首要任务是生存下来。关于如何应对危机,我们也会在后面的章节中进行探讨。我们首先从最高层次去思考和探究:家族企业发展的最终目标是什么?企业所有者运营和发展企业究竟是为了达到什么样的终极目标?

在快速发展的行业或市场中,初创企业的创始人可能很清楚,他们迟早会把创业公司卖给更大的公司。有的创始人一直在努力工作,但他们的目标是把公司卖个好价钱,并由此致富。但是,家族企业研究文献中最受欢迎的企业家类型是:为了基业长青、代代相传而运营企业的创始人及其家族。

可以说,对于选择出售企业还是向后代传承这个问题,并没有统一的答案。我们知道,在家族企业中,作为股东的个人或家族成员会对企业产生实质性影响。由于每个人的抱负各不相同,他们的企业经营策略也不相同。此外,不同地区的政治和经济环境也会对企业产生不同的影响。同样,宏观经济的发展趋势还会影响个人的选择和目标。因此,正是由于这些差异的存在,企业家必须认真思考自己的终极目标。这种思考的第一步——也是基本的一步——就是厘清企业是不是家族想长期经营、代代相传的,以及创始人是否要坚持长期主义。

我们认为,企业愿景能够为发展战略提供基本方向。

我们可以从两个广阔的视角进行思考:首先是历史视角,其次是战略路线视角。

在德国,从历史的角度看,家族企业的发展一般要追溯到19世纪,因为今天的数百家德国大型知名企业都成立于19世纪末。当时创业的企业家们想赚取一些财富,他们的目标是改善当时有限的生活条件，让自己的生活水平和声誉向贵族和世家靠拢。因此，他们一旦赚到了钱，就会建造与贵族庄园风格类似的宅邸。可以说，他们的成功背后有两个原因：一是强烈的经济独立愿望，二是他们自己选择了有潜力的创业领域。总体上来说，初创企业都是根据当时的市场大趋势部署业务的，如19世纪的电力、化学、制药等新兴领域。此外，满足中产阶级消费者需求，提供更实用的耐用品，也是当时的一个大趋势。

考虑到这些德国"古老"的家族企业是从19世纪初创并发展至今的，我们可以大胆得出这样的结论：企业的长寿和可持续发展是可以实现的。

当我们探究企业可持续发展的战略先决条件，即企业追求长期主义发展时，可以在企业发展的基石中找到明确的优先顺序。

企业必须建立在可持续的商业模式之上。它需要为客户创造价值，并且应该以维护客户满意度和忠诚度为前提，确定合理的商品价格，保证稳定的商品质量，这是第一个基本要求。任何商业模式都需要不断调整以适应不断变化的需求，这就意味着企业需要研发和投资。但这里说的投资，并不是注重短期投资回报的投资。比如，基础设施投资不会增加当前的利润，但从长期看，可以促进企业的长期发展。再比如，如果不根据需求变化而调整商业模式，企业早晚会被淘汰。

第二个基本要求是保证一定的盈利能力。很显然，如果公司能为客户提供价值，那么就会获得利润回报。如果没有合理的利润，那么这种商业模式就必然是不可持续的。

## 第一章　什么是长期主义

在德国,根基稳固的企业都是经历过两次世界大战、恶性通货膨胀,以及民主德国征收土地等极端事件。这些经历也从另一个角度证明了,企业的长寿基于人们对企业未来发展的信念。可以说,至今还没有其他形式的经济组织能像一个发展中的家族企业那样具有可持续性。我们也认为,一个可持续发展的家族企业被转手卖掉以后,不会实现长期和可持续的发展。

当然,大家都知道,家族企业创始人掌握企业所有权一直是家族企业可持续发展的前提。因为企业所有权涵盖了企业所拥有的土地和建筑物、知识、品牌和其他各类重要标的的产权。在这种情况下,人们的动机已经不在于积累金钱和财富,而在于为子孙后代留下遗产。这是数百家经营历史超过 100 年的德国家族企业的发展历程所证明的。梅茨勒家族第十一代成员弗里德里希·冯·梅茨勒认为:"只有保持独立,梅茨勒银行才能将长期的客户关系(而不是公司的短期业绩)置于首位。而这样的考量和实践最终也转化成了梅茨勒银行非常出色的业绩。"

因此,企业实现可持续发展的前提条件是,它能够提供出色的产品,不断进行研发和创新,维持较高的生产效率,以及具有合理的盈利能力,保持较高的利润留存率和投资率。但是需要指出的是,也曾有一些行业和公司虽然满足了这些前提条件,但最后仍然未能实现可持续发展了,纺织业就是一个很好的例子,矿产、打字机和其他一些行业也是如此。最初从事煤炭业的德国赫尔根(Hündgen)公司就是一个典型的例子。我们将在后面的章节介绍它的转型。

## 三、家族企业的"耐心资本"

企业创始人往往是发现商机后敢于投入金钱和时间的人。对那些经过时间历练后依然保持成功的企业的历史研究分析表明,企业创始人存在某些共性。首先,他渴望成为独立企业家。其次,他需要有一双能迅速识别机会的慧眼。"机会识别"(opportunity recognition)① 已经成为学术研究中的一个新领域。把握机会有两个根本:一是看到消费者愿意付费的需求,二是有能力调动并有效利用相关的专业技能。为了将"机会"转变成可持续的商业活动,还需要有资金和有效的人脉关系。在企业发展之初,创始人要锁定产品的细分领域和消费群体,并构建企业的运营之道。因此,在大多数情况下,创建一家企业并不是灵光一现的结果,勇气、勤勉和机缘也缺一不可。

德国曼奈柯斯公司(Mennekes)成立于1935年,是一家专业生产工业接插装置和电气设备的德国企业。曼奈柯斯生产各种适用于恶劣环境的安全装置,如适用于电厂、矿山、港口、建筑工地等环境的防水、防尘装置和设施。曼奈柯斯公司是典型的德国"隐形冠军"企业。曼奈柯斯公司开发的一项技术后来被定为电动汽车电力联接产品的欧洲标准。企业位于德国鲁尔(Ruhr)区的南部,鲁尔区群山环绕、森林茂密,在德国是一个相当偏远的地区,离大家熟悉的法兰克福或科隆这样的大都会地区还有相当远的距离。正是在这里,阿洛伊斯·曼奈柯

---

① HILLS G, LUMPKIN G T, SINGH R P, 1997. Opportunity recognition: perceptions and behaviors of entrepreneurs [Z]. Working Paper. Wellesley: Babson College.

斯（Alois Mennekes）1935年开始创业。他是当地的电工，最初，他很想为当地的电工提供一些实用的产品。他制造的第一个产品是点火器，用来点香烟和雪茄。他之所以有生产点火器的想法，是因为战争期间火柴供应不足。阿洛伊斯·曼奈柯斯因此发明了"好运"牌点火器，这种固定在墙壁上的点火器立即成了市场上的畅销货。第二次世界大战以后，企业开始生产电力联接产品。

曼奈柯斯公司也是一个典型的家族企业，华尔特·曼奈柯斯（Walter Mennekes）出生于1948年，是这家公司的第二代管理者。由于父亲去世得早，华尔特在1975年就开始接手管理公司。在华尔特任职期间，公司在电力联接这一细分市场中已经成为世界领导者。华尔特和其妻子佩特拉·曼奈柯斯（Petra Mennekes）有三个儿子，其中克里斯托弗·曼奈柯斯（Christopher Mennekes）于2011年接任首席执行官一职。

对于家族企业来说，企业传承建立在很多幸运事件的基础上：创始人要找到一位伴侣，两人坠入爱河，并生儿育女。此外，后辈要认同家族企业，他/她必须把家族企业视为家庭生活中至关重要的部分。为此，孩子就应该接受有关资本价值和资本投入的教育。一个非常有名的心理实验"棉花糖实验"（marshmallow experiment）证明了延迟享受投资收益的价值所在，实验中的部分孩子为了得到他人承诺的两块棉花糖会愿意等待一段时间。

在我们对弗里德里希·冯·梅茨勒的访谈中，曾经问他作为一个历史悠久的私营银行的所有者，为了让子女学会管理家庭财富，他会怎么做。他给出的答案是，让子女接触各种节约金钱的方法，并培养谨慎支出的习惯，其中包括学习如何有效利用兜里的零花钱。梅茨勒家族的孩子在16岁的时候就会建立自己的投资小账户，他们会了解账户的资金如何随着时间的延续而累积。弗里德里希·冯·梅茨勒总结道："我们的子女很清楚将来他们会很富有，但他们依然勤俭，这可以让他们保持精神和物质上的独立。"

特别值得一提的是，德国家族企业的掌管者都认为，铺张浪费和炫耀性消费是不妥的。企业家应该有效利用手中的金钱，因此，他们一直热衷于寻找投资机会。但在德国，他们认为购买高档汽车并不是铺张之举，而是某种形式的投资。在德国，人们不再认为由家族后代来接管企业是必须的。后代可以扮演公司治理者的角色，也可以雇用职业经理人来运营公司。但前提是企业所有者作为"股东"要足够专业，并有足够的商业知识。

创始人要在恰当的机缘下才能创建自己的企业，下一代则可以直接继承企业。然而，下一代也面临着挑战，他们同样需要一些运气才能应对这些挑战。历史告诉我们，每过半个世纪，这个世界就会经历一次严重的危机。半个世纪是1.5代人的工作时间，所以，要想挺过衰退，企业所有者需要悉心运营、毫不松懈。研究表明，家族企业所有者在艰难时期大都表现得很乐观，因为家族企业资本是一种"有耐心"的资本。因此，只有拥有可持续的商业模式和"有耐心"的资本，家族企业才能"永续幸福"。

如果一个家族不愿意或无力发展企业，他们可能也会在资本市场中出售企业，以获取大笔金钱。但是一宗幸运的交易并不意味着"幸福"，富有并不足以带来"幸福"。追求一个有意义的目标，体会企业存在的价值，这些才是幸福的源泉。可以说，拥有一个家族企业更多的是"意义构建"（sense making）。研究者将通过追求有意义的目标而获得的财富称为"社会情感财富"（socioemotional wealth）①。每一位企业所有者都可以将参与这种财富创造的过程视为一件幸运的事。在后面的章节，我们将进一步解释，企业所有者如何影响企业的长期战略，以及社会情感财富在家族企业中的作用。

## 四、不确定性中的迭代法则

在中国改革开放四十多年以后，中国各地的民营企业得到蓬勃发展，企业创始人的第二代都在为接管公司的权杖做准备，虽然有些已经掌握了公司实权，但在为企业创始人及其下一代举办的研讨会和讲习班上，一个问题总会经常出现：我们的任务是什么？我们的使命与我们父辈的命运和际遇有什么不同？对于这些问题，我有以下思考：

要想独立，第一代人必须勇敢地迈出第一步。这是需要巨大勇气的一步，因为他们往往需要不断探索、不断试错。对他们来说，创业初始更多的是反复"试验"，其后几年才会产出成

---

① GOMEZ-MEJIA L R, CRUZ C, BERRONE P, et al., 2011. The bind that ties: socioemotional wealth preservation in family firms [J]. Academy of Management Annals, 5 (1): 653-707.

果。建立独有的商业模式后,第一代人才能带领企业进入快速发展的阶段。企业的快速发展带来了可观的利润,但也给企业带来了对现金的持续需求。

与第一代人相比,第二代已经占尽天时地利之便:他们已经继承了一家正蓬勃发展的企业,现金流也很稳定。当然,第二代需要努力打造全新的战略——这也是企业传承的核心所在。这个全新战略既要应对可预见的挑战,也要识别全新的机遇。对他们而言,机遇既是挑战,也是责任。

创新的前提是维护并巩固既有的业务,这看起来似乎有悖常理。为什么呢?因为每一个成功的战略都要以现有优势为基础,而不是掩盖劣势,也不是从零开始,更不是幻想某个绝妙的主意很快就能成为摇钱树。对第二代人来说,既有业务是推行全新战略的巨大优势的原因有四点。第一,每个战略都需要在人力资源、实物资产上投资,都需要前期开销。而第一代人构建的既有业务则是现金流的源泉,也是贷款融资的抵押品。

第二,第一代人必须应对创建企业及发展过程中的挑战,尤其是构建质量流程的挑战,而第二代人的战略则可以构建于这些基础之上。因此,第二代人的任务就是通过两个基本战略让这些现有优势再放异彩,这两个基本战略就是提升生产率和创新。从20世纪90年代到前几年,中国的企业还不需要转型,只要正常经营即可实现利润目标。工资一直保持在较低水平,企业不需要为了提高生产率而进行工程项目投资。但如今市场环境已经发生了根本性的转变,竞争也日趋激烈。所有这些变化,让几乎所有细分市场的"利润池"都缩小了。第二代人面对的挑战都是可预见且无法回避的。

第三，第二代人战略的第二部分是开拓新领域，譬如调整商业模式，企业经营多元化，等等。开拓新领域是战略中的未知部分，没人能断言如何能取得成功。如果能下这样的断言，那一定是通用模式的复制，而不是创新。开拓新领域的过程，也是第二代构建自身特质的过程，在这个过程中，长辈是可以施以援手的。

第四，在最近四十多年时间里，中国达成了欧洲和北美历时60—80年才取得的经济发展成就。与其他地区的发展周期相比，中国所有的经济发展，都是以两到三倍的速度推进的。其他地区的家族企业所有者需要两代人完成的转变，中国民营企业的创始人往往在一代人中就能完成。这样的发展规律在中国可能还会延续到下一代人，因此，这也对新一代企业家加快变革和创新的速度提出了要求。

总之，调整和变革是现代经济中不可或缺的发展战略。"大自然"已经创造了世代更迭的法则，朝气蓬勃的下一代需要适应高速变化的发展趋势。因此，可持续发展是每个家族企业的目标，企业创始人都期待着下一代接过权杖，带领企业继续前行。

# 第二章
# 长期主义导向

> 我们认为，可持续发展之路并不是一场与优胜者的竞赛，而是行业中众多旅行者的无限期旅程。

通过对德国工业统计数据的分析，我们发现了以下几个值得关注的现象：

- 德国的家族企业几乎完全是家族所有的独资企业。虽然德国也有上市的家族企业，但在销售额超过10亿欧元的大型企业群体中，上市的家族企业只占10%左右。
- 德国家族企业的寿命远高于上市公司——很可能不仅仅在德国是如此，不过在德国我们有令人信服的证据。
- 我们发现，在德国几乎所有行业中，都有非常古老的小微企业和历史悠久的大型公司比肩而立。

德国是一个市场竞争非常激烈的国家，德国的商品普遍质量过硬，同时其价格在市场上仍旧是有竞争力的。如果我们一开始就假设，企业必须非常成功才能在竞争激烈的市场中生存下去，那么德国家族企业的这些特点肯定会引发人们的困惑。

因此,我们先引出一些有趣的问题:

- 上市公司具有天然优势,这些优势包括更容易获得股权融资,也更容易吸引素质高、能力强的高管。但是为什么企业上市并没有使企业寿命显著延长呢?
- 究竟哪些因素对企业寿命有影响呢?是好运?是毅力?还是更好的策略?或者兼而有之?
- 我们能否从这些经验中学习一些有助于企业家带领企业走上长寿之路的准则呢?

要回答这些问题,我们首先需要弄清楚企业发展的最终目标是什么:是成功实现价值最大化,还是成为一个尽可能长寿且富有创业精神的组织?有这么一种哲学观点:"生活,是实实在在的一种生存;只要适合自己,就是幸福。"这个观点是否也适用于企业?

研究企业可持续发展是一段奇妙的经历,我们有机会研究什么是初心(包括企业的初心和个人的初心),并从中思考学习。为了帮助大家找到解决问题的答案,基于过往的研究经验,我们也提出了我们的见解。当然,其中的一些建议可能是我们主观的看法,我们的目的只是用我们的观点引发大家的思考。每个企业寻求可持续发展的真正答案必须由每位企业家自己来得出,并需要针对每一家企业、企业发展的每一个阶段,以及每位企业家对自身在这个世界上扮演角色的认知来调整。但每个人的答案肯定都是具体且唯一的。

## 第一节　什么是可持续发展战略

### 一、什么是成功

事实上，人们对于成功的不同理解，往往影响着企业的战略定位。我们可以通过以下几个维度来梳理企业实现成功的途径：

- 首先，什么是成功？可以将哪些要素定义为成功？可以说，成功意味着达成各种各样的目标。比如像今天，"股东价值"成为公认的企业成功标准。
- 其次，找出相反的因素——导致企业失败的因素，即哪些是企业发展的破坏性因素。企业失败的终极状态就是企业因破产或紧急出售给另一家公司而消亡。
- 最后，针对实现存续和避免消亡，分别确定前提条件。

对此，每一位企业家都必须找到自己的答案，在这个答案中应该包括一些基本要素。当然，如果企业不仅追求成功，还追求长寿，就必须同时满足三个前提条件：

- 长期定位，或者我们在研究中所说的企业应具备"可持续发展的意愿"。
- 有利于企业正常发展的环境。
- 能让企业有效利用机会，并具备应对危机的能力或素质。

### 二、被忽略的关键因素

战略管理研究的经典课题就是探索成功的关键因素。从战略管理的角度来看,企业的可持续发展是一种成功的表现。企业在关键因素上表现得越好,能够实现的成功水平就越高。因此,研究者们提出了很多理论和观点。其中一个理论就是经验曲线效应(experience curve effect),该理论认为个人或组织在执行某种任务中,随着累计生产量的增加,单位产品的生产成本会逐步降低①。

哈佛商学院教授迈克尔·波特提出的竞争优势理论(competitive advantage theory),将竞争战略视为企业成功的关键因素②。麻省理工学院斯隆管理学院教授伯格·沃纳菲尔特(Birger Wernerfelt)则提出"企业资源基础理论",将企业的竞争优势视为企业的关键资源③。再如,《追求卓越》(*In Search of Excellence*)④和《基业长青》(*Built to Last*)⑤等影响深远的畅销书,更是开创性地强调了企业文化的重要性。

研究者们一致认同资源、战略、组织、领导和企业文化在企业发展中的重要性,但他们较少提及企业持续经营的一般先决条件——生存和规避风险。

当然,这并不意味着这些先决条件是不必要的。恰恰对于

---

① TATSIOPOULOS I P, RENTIZELAS A, TOLIS A, 2010. The experience curve effect on renewable energy penetration [R]. Proceeding of the International Conference on Renewable Energie-ICRE 2010.
② PORTER M E, 1985. Competitive advantage: creating and sustaining superior performance [M]. New York: Free Press.
③ WERNERFELT B, 1984. A resource-based view of the firm [J]. Strategic Management Journal, 5 (2): 171-180.
④ PETERS T J, WATERMAN R H, 1983. In search of excellence [M]. New York: Harper & Row.
⑤ COLLINS J, PORRAS J I, 1994. Built to last [M]. New York: Harper.

可持续发展企业来说，它们是必不可少的，例如"稳定的融资"，它们可能被视为"安全因素"——缺乏安全性自然会影响企业经营，甚至危及生存，就像我们的身体一样，高强度的训练并不能延长预期寿命。

通快（TRUMPF）作为一家德国家族企业，拥有近百年的机床生产历史，总部位于德国迪琴根（Ditzingen）。通快的历史可追溯至1923年，它从当年的一个机械加工车间迅速发展成了如今全球制造业的知名企业之一。目前集团拥有几大业务领域，从加工金属薄板和材料的机床，到激光技术、电子，通快正不断以创新引导着技术发展趋势。通快在欧洲、南美洲、北美洲、亚洲的27个国家共有70多家子公司。

对于已故的通快联合创始人贝特霍尔德·莱宾格（Berthold Leibinger）来说，企业发展过程中最大的挑战无疑是1992—1994年的危机，此前通快集团已经繁荣发展了45年。1992年，在危机期间，因为企业违反了一笔贷款的条款，为此，债权人代表可以行使其投票权。莱宾格说，"我永远不想再次经历那种情形了：对我们的业务一无所知的人试图告诉我必须解雇多少人。"最终公司靠巴登-符腾堡州（Baden-Württemberg）的风险投资机构的一笔投资摆脱了困境，并在20世纪90年代末清偿了债务。

英国华威商学院（Warwick Business School）克里斯蒂安·施塔德勒（Christian Stadler）教授在他所著的《持久的成功》（*Enduring Success*）中，明确了企业应具备的盈利能力[1]。此外，

---

[1] STADLER C, 2011. Enduring success [M]. London：Kogan Page.

施塔德勒对风险规避或风险补偿非常敏感,他提出,企业不能依赖单一(或少数)客户、供应商、市场和能力。他认为,为了实现企业的可持续性发展,多元化是很有价值的。当然施塔德勒主要是基于像荷兰皇家壳牌集团(Royal Dutch Shell)这样的大型企业,而其他研究人员对于符合条件的成功企业的规模没有具体说明。此外,荷兰皇家壳牌集团战略规划师阿里·德赫斯(Arie de Geus)在他所著的《生命型组织》(*The Living Company*)书中,特别强调了保守的融资方式[①]。

## 三、成功没有通用配方

显然这些对企业成功的研究值得关注。然而,要找到行之有效的成功之道,或者说提出相应的规范性策略建议,则是非常困难的。

- 首先,从时间维度来看,我们很难想象,在企业历经几代人掌权的发展过程中,同样的战略方法适用于每一代人。
- 其次,从不同世代的管理者来看,我们更加难以想象的是,不同世代进行战略决策的水平和素质是相同的。
- 再次,从不同公司来看,一个成功的战略很有可能建立在创新的基础上,而每个公司的创新实践千差万别。
- 最后,从结果来看,反过来说:如果所有的竞争对手都使用相同的战略,那么竞争效应会相互抵消,就不会有赢家和成功者。

---

① ARIE DE GEUS, 1997. The living company [M]. Boston: Harvard Business School Press.

从逻辑上来说，成功的因素也有对立面。对于这些负面因素，目前还没有形成统一的标准术语。我们将它们称之为"破坏性因素"（disruptive factors）。有一点是确定的：破坏性因素对企业发展的影响越多、越大，企业就越难以成功，除非破坏性因素可以通过成功因素得到补偿。过于严重、无法得到补偿的破坏性因素迟早会导致企业倒闭。

有学者认为，人们无法找到永久有效的通往成功之路的"通用配方"[1]。成功总是极具独特性的成就，因此，很难确定哪些公司可以一直获得成功。同时，实证研究也表明，在几乎所有市场上，都有非常古老但规模并不大的企业。

赫尔曼·西蒙在"隐形冠军"的研究中发现，部分家族企业的规模比大型国际性公共企业小，但其在产品技术领域处于市场领先地位[2]。这类公司中有相当一部分家族企业和历史悠久的企业。在德国的上述两类企业中，规模较大的都是百年长寿企业，或者说是市场的幸存者。

贝特霍尔德·莱宾格说："我们就像一直在攀登艾格尔峰（Eiger）的北面——而且始终都是[3]。"通快集团发展的第一个重要节点是利用步冲轮廓技术开发数控机床Trumatic。因为这一产品的成功，企业需要拥有更强的生产能力，所以，就在迪琴根兴建了工厂。第二个重要节点是收购通快公司合伙人施瓦茨

---

[1] KIESER A, NICOLAI A T, 2005. Success factor research: overcoming the trade-off between rigor and relevance [J]. Journal of Management Inquiry, 14（3）: 275-279.

[2] SIMON H, 2009. Hidden champions of the twenty-first century [J]. Family Business Review, 26（1）: 100-103.

[3] 艾格尔峰位于瑞士中南部，北面为全球最险峻的峭壁之一。

（Schwarz）50%的公司股份。股份收购是在20世纪90年代危机爆发开始的时候完成的。第三个重要节点是通快的机床产品应用了激光技术，其机床产品始终处于市场领先地位。

## 四、安娜·卡列尼娜原则

我们之所以质疑成功因素理论，是因为成功因素理论会引发一场"竞赛"，要么是盈利能力最强的一方获胜，要么是最长寿的一方获胜，要么是两者兼而有之的一方获胜。这一竞赛理论总结出了一些结论：成熟的市场是由三四个在竞争中生存下来的企业主导的[1]。

然而事实上，企业长寿之路并没有终点，或者说企业要想实现长期可持续的发展，就意味着企业并没有一个确定的要达到的目的地。如果企业管理者认为，在企业发展经历过一个艰难阶段之后，已经进入了平稳时期，那他们就错了，因为这只是下一轮危机的开始。对于长期主义导向的企业而言，企业发展是一段没有终点的旅程。

因此，我们提出了这样的观点：企业的可持续发展之路并不是一场与优胜者的竞赛，而是行业中一群旅行者的无限期旅程。而企业的目标就是在"无限期"的马拉松比赛中留在长跑队伍里，不要掉队。就像我们参加体育比赛，只要运动员通过了"健康测试"，并且没有在比赛中受伤，他就可以继续参加比

---

[1] HENDERSON B D, 1973. The experience curve reviewed [Z]. Working Paper. Boston：The Boston Consulting Group InC.

赛。企业可持续发展需要满足的前提条件就是在一场"考试"中获得一直"跑下去"的资格。而要想通过考试,你必须在所有科目上都取得令人满意的成绩。某一个科目的不及格,会导致这场考试彻底失败。只有所有的前提条件都满足才能生存下去。这让我们想起了一个特殊的比喻,那就是加利福尼亚大学洛杉矶分校医学院生理学教授贾里德·戴蒙德(Jared Diamond)在《枪炮、病菌与钢铁》(*Guns, Germs, and Steel*)一书中提出的"安娜·卡列尼娜原则"(Anna Karenina Principle),他引用列夫·托尔斯泰在小说《安娜·卡列尼娜》中的第一句话,也就是我们熟知的那句话:幸福的家庭都是相似的,不幸的家庭各有各的不幸。简而言之,"安娜·卡列尼娜原则"就是,一件事情要想成功,必须满足许多必备的前提条件,并且这些前提条件必须各自独立,无法满足其中任何一个前提条件便会导致失败[1]。所有幸福的家庭都必须以同样的方式满足许多前提条件。但是,"不幸"的家庭可能只是未能满足其中的一个条件。因此,"不幸"有其自身的、个体的特点。

企业可持续发展的前提是企业已发展到一定的水平,这个水平根据行业、公司的发展阶段和其他方面的需要而定。比如商业模式必须与市场需求相适应,它可以是不同的,但必须适合企业,事实上,并不存在最优的商业模式。再比如盈利能力必须要达到一定的水平,并且只是达到某个水平就足够,因为

---

[1] TANAS L, WINKOWSKA-NOWAK K, ROSZAK J, et al., 2020. Females and STEM: the Anna Karenina Principle [commentary] [J]. IEEE Technology and Society Magazine, 39 (1): 12-15.

提高利润目标就意味着需要承担更高的风险,其后果就是盈利能力和企业可持续发展之间不是近似线性的正向关系了。

问题在于,企业必须定期参与并通过这样的"考试"或"健康测试"。此外,测试的难度也会随着行业发展而不断增加。

显然,成功战略和可持续发展战略的差异是显而易见的。成功战略注重"采取什么样的战略",而可持续发展战略注重的是"目标是什么"。从根本上来说,通过不断地挖掘创新的潜力,实现目标的战略方法也应该是多种多样的。而企业的生存和存续,则必须满足所有可持续发展的前提条件。例如,在企业发展过程中,需要始终确保一定的"盈利能力"和"财务稳定性"。

因此,战略管理的原则是明确的。成功战略的逻辑意味着,管理层应尽可能严格地执行选定的战略,而可持续发展战略需要满足的前提条件则包含下面两条准则:

首先,必须在坚持可持续发展战略的前提下不断监控企业的健康状态。

其次,每当有一个前提条件受到威胁时,企业就要将战略雷达转向关注这个"最小扇形区域"。

企业如何监测健康状态,或者说如何通过"健康体检",取决于公司治理战略。良好的公司治理是企业可持续发展的一个基本前提条件。历史研究表明,中世纪的商人家族已经开发出了某种治理机制。

## 第二节 短期行为的危害性

### 一、股东价值理论的危险性

A. 拉帕波特（A. Rappaport）开创性地将成功定义为股东价值最大化[1]。从理论上说，一个企业的股东价值就是未来现金流的现值。股东价值是影响现金流和折现率（仅产生很小影响）的一个因素。因此，评估股东价值需要用到的关键要素是：

- 由利润加折旧和其他非现金费用构成的正现金流。
- 由固定资产和营运资本等投资构成的负现金流。这是一个至关重要且错误的假设。
- 根据公司所处行业和公司战略来确定的增长率。在目前公司估值的依据中，这种假设的增长率的权重确实占了一半左右。这一指标的高权重源于最高管理层对市场的乐观态度。如今，不断提升股东价值，会促使人们对未来更乐观。

负责上市公司运营的高管必须关心公司股票价值的增长。为了实现这一目标，他们必须平衡三种相互矛盾的力量：提高当前利润；为企业的发展进行投资；提高企业的稳定性。

当然，提高稳定性对金融投资者来说毫无意义。过于关注稳定既抑制了对利润最大化的追求，也抑制了对增长最大化的追求。虽然业务多元化是提高企业稳定性的重要战略，但金融

---

[1] RAPPAPORT A, 1986. Creating shareholder value: the new standard for business performance [M]. New York: Free Press.

分析师并不看好多元化，认为多元化企业的估值甚至存在"多元化折让"（conglomerate discount）的现象。

## 二、机床为什么是"德国制造"

贝特霍尔德·莱宾格先生1930年出生于德国斯图加特（Stuttgart）。他是德国通快的联合创始人，他生前的身份还是工程师、创业家和慈善家。贝特霍尔德·莱宾格于1950年高中毕业后就进入通快公司当技术学徒，随后他进入斯图加特大学（University of Stuttgart）学习机械工程。毕业后，1958年，他前往美国，成为美国辛辛那提铣床制造厂（The Cincinnati Milling Machine Company）的开发工程师，这家制造厂现已更名为米拉克龙公司（Milacron LLC）。1961年，他回到德国，担任通快公司工程部门负责人。1968年，莱宾格研发出第一个采用数控技术的步冲轮廓机床。通快公司当时的所有者克里斯蒂安·特伦普夫（Christian Trumpf）没有孩子，他把贝特霍尔德·莱宾格定为他的继承人。莱宾格从小就对车间的铣床很着迷，他后来的论文也是关于步冲轮廓技术的，并申报过这项技术的三项专利。进入通快公司后，他担纲过开发者、工程师、专利官员和总工程师等角色，在贝特霍尔德·莱宾格的领导下，通快公司成了全球机床市场的领先企业。

莱宾格从董事长职位退休后，开始攻读工程学博士学位。他的研究方向是美国、德国和日本机床工业的发展历史。机床出现在工业化初期，是那时工人生产力得以快速提高的重要原因。要想在造船、汽车、飞机、能源生产等行业拥有强大的工业基础，就需要有先进的机床。英国在18世纪和19世纪的工业化道路上处于领先地位，这意味着英国在当时的机床行业也居于领先地位。但在20世纪，英国在与后来居上的美国的较量中败下阵来。莱宾格跟踪研究了1960—2013年这一行业的市场情况，他的著作总结了美国、德国和日本这一行业的发展情况①。

在20世纪，美国在创新方面处于绝对领先的地位：数控机床和激光机床都是由美国人发明的。这一成就是由美国的中型专业公司达成的，而这些公司大多由创始家族所有。

当然，这种主导地位是建立在美国国内的市场基础上的，当时美国国内市场规模巨大，且市场经济发达。1960年，德国的机床产量是美国的四分之三，这是由于德国在出口方面居于领先。到了2013年，德国和日本都把美国远远地甩在了后面，而英国也逐渐淡出了人们视野。

我们坚持认为，要超越一个真正领先的公司或国家是很困难的，甚至是不可能的。那么，作为挑战者的日本和德国，是如何缩小与当时技术领先的美国公司之间的差距的呢？莱宾格指出，动态市场的发展过程改变了游戏规则。在美国，对于当时的大型上市工业集团和金融控股公司而言，成功的美国机床公司是颇具吸引力的投资目标。这类公司可以帮助它们实现多元化战略。但是事实上，一旦完成了市场收购，这些机床公司

---

① LEIBINGER B, 2014. Experiences, achievements, developments [M]. Goettingen: Wallstein Verlag.

对于新业主来说，只是他们投资组合中的一块"马赛克"，新业主只关注它们为股东创造的价值，所以这些企业根本无法获得产品研发需要的长期投资。因此，这些曾经在市场上占据主导地位的品牌大多逐渐变成了"平庸之辈"，甚至消失了。

"隐形冠军"的理念是由德国教授赫尔曼·西蒙提出的。隐形冠军是企业市场中零部件、资本货物等工业产品领域高度专业化的"专家"。就全球范围而言，这些专业化市场的规模相对较小，年销售额不到110亿欧元。因此，销售额为1亿—40亿欧元的公司，都有可能成为全球市场的领导者。据西蒙估计，在所有的"隐形冠军"中，有一半位于德国，然而这些公司的足迹遍及全球。

## 三、德国家族企业的投资逻辑

我们先从我们的一个研究项目说起。这项研究旨在探讨德国家族企业的总部对其海外子公司的影响。在这项研究中，我们对在德国子公司担任首席执行官的美国职业经理人进行了访谈。我们提出的一个问题是：德国股东的工作方式是否曾让你感到惊讶？以下是美国职业经理人的回答：

是的，这位德国老板最让我惊讶的是他们处理资本投资提案的方式。他们只是讨论为什么需要投资。如果他们觉得有道理，他们就会批准，并当场做出决定。

其中一位受访者说：

*真的难以想象，他们甚至不会计算预期的投资回报率。*

我以前的美国雇主恰恰相反，如果没有承诺15%以上的投资回报率，你就不要指望他会批准你的投资提案。

这些访谈都是真实可信的。对于上市公司而言，公司的经理人都深知，资本投资是有前提条件的。股东价值的逻辑是界定管理层目标，实际上也是界定管理层职责的主导范式。这一逻辑要求净现金流的最大化。该逻辑认为，资本投资将导致预期净现金流减少，从根本上来说，这对股东价值有负面影响。只有当资本投资有可能产生非常高的正现金流时，它才是合理的。

这是股东价值理论的操作逻辑。在实际中，这个项目的管理者计算出的投资回报需要达到总部设定的回报水平门槛。对股东价值及其含义的理解，以及这样的投资理念会导致对以下这些项目的投资不足：

**对公司基础设施的投资。** 比如：建筑、IT系统、员工设施等，因为这些投资都不能增加产量、现金流或利润。

**对新设备的投资。** 用新设备替换现有设备可能不会显著增加产量，因此，购买新设备无法提高盈利能力，而只会延长工厂的"使用寿命"。

**对有风险的创新项目的投资。** 这类项目需要较长时间才能获得回报。因此，人们更愿意收购另一家公司，收购后立刻就有一个已经存在的现金流合并到报表中。

**对预期收益不太稳定的资产(如房地产)的投资。** 大部分上市公司都在他们的财务报表中去掉了房地产这一项，因为这些资产降低了资本回报率。出售这些资产并回租并不会改变公司的风险结构。这么做只会减少利润，因为租赁不仅会产生租用成本，还需要分给"中间人"利润。但此举提高了资本回报率，这就是一个短期主义的典型例证。

因此，我们认为，需要把股东价值的主导逻辑放在一边，并仅仅思考这个问题：投资要解决的是什么问题？

在我们的研究中，表现出明确的长期主义导向的公司都乐于进行产品、流程、资源的投资。通过这些投资，他们在生产力方面遥遥领先于大型国际竞争对手。相对而言，上市公司的投资往往具有滞后性。

如果没有今天的时间、资源，特别是金钱的投入，企业未来可能就不会有任何发展。这就是投资的意义所在。投资是否会给企业带来积极的变化还不确定，但是放弃投资会阻碍积极的变化，这一点是确定无疑的。

## 四、企业管理中的短期行为

事实上，哪种举措对当前的利润表现有利，而对长期发展不利，并非一目了然。我们可以举一些高层管理人员日常决策的例子。

凡是接受美式管理教育的人，都习惯于考虑"边际收益"，即售价与可变成本之间的差额。通过制定低于平均成本但高于可变成本的商品价格来提高销售量，可以增加绝对利润值。这种操作在理论上是可行的，但实际上，它只在短期内起作用，之后，它会破坏市场上的价格水平，而小企业会面临淘汰。这种经营理念会引起多方面的后果。为了获得新客户而采用价格歧视是不可取的。第一，这种做法欺骗了忠诚的老客户，他们一直在支付更高的价格，直到他们发现后来者可以用更低的价格购买到相同产品。因此，他们会把此类缺乏诚信的供应商列入黑名单。第二，当整个市场中的价格水平接近"边际水平"，任何供应商都无力承付全部成本。这使所有企业的生存和可持续发展都受到了威胁。主要表现为以下几方面：

**缩减资本投资**　投资新设备往往会产生负现金流，从而会降低股东价值。企业进行设备翻新则被视为更不明智的行为。因为设备翻新的支出费用，并没有真正增加产出，也没有降低成本。因此，这类举措会被推迟——除非企业设备已损坏，否则不需要修复。其后果就是这些设备持续损耗，直至这些资产"无法修复"。

应该说，这样的金融逻辑摧毁了大量成熟的行业。钢铁、造纸、水泥，甚至汽车行业，都因投资不足或设备更新不及时而导致了整个行业的衰退。

**解雇员工**　可以说，裁员就是放弃人力资本投资，也是企业对员工不忠诚的一种表现。裁员可能是必要的，即使是那些受影响的人也会明白这一点。但是，也需要让员工看到，雇主希望平衡各方利益，并选择成本最小的方法来化解这一难题。

**倾向于收购其他公司，而不是投资于本企业**　企业管理者必须投资各种项目来发展新业务，而其中可能只有一两个项目是可行的。事实上，至少要花费 10 年的时间才能在市场上推出一个成功的项目。之后，还需要另一个 10 年的时间才能使这一新业务达到净现金流的平衡。这是真正的价值创造，但这种选择需要很长一段时间才能显现效果。基于短期视角的管理层则会放弃这些长期的有机发展，而倾向于收购一家正在盈利的公司。由于这种盈利能力已经包含在收购价格中，因此收购本身并不会创造出多少价值。尽管如此，由于此举避免了没有回报的支出期，并且为未来的增长预期提供了支持，所以，这两点对股东价值的影响都是正面的。

## 五、长期主义导向检测：OODA 循环模型

在我们讨论企业可持续发展问题的时候，有一个前提是明确的，即企业的所有者及高管，是有追求企业长远发展诉求的，长期主义导向是其基本原则。显然，如果没有追求基业长青的意愿，这一切就都不会发生。因此，我们首先要考虑的主题是：如何培育企业的长期主义导向。

如果一个人要创造出任何可以持续很长时间的东西，他就需要一个长期主义的定位，进而想象和思考那意味着什么，需要什么条件。在阐释这些主题时，我们参考了著名的 OODA 循环模型[①]：观察—定位—决定—行动（observe-orient-decide-act，OODA），四个阶段通过反馈对上一阶段进行改进。这个模型是美国空军上校约翰·博依德（John Boyd）提出的，见图 2.1。

---

① NEDERVEEN G V, 2008. Science, strategy and war: the strategic theory of John Boyd [J]. Air & Space Power Journal, 22 (4): 116-117.

图 2.1　OODA 循环模型

让我们观察一下那些影响长期发展的事物。在一个各种事件以"'高分贝噪音'聒噪不止"和高度动态变化的环境中，我们必须看清事物和人各自的相关运动和发展轨迹。因此，我们需要详细说明在具体实践过程中大家需要注意的一些问题。

为了确定观察结果对我们制定战略行动的参考意义，我们必须评估这些结果。为此，既需要经验，又需要考虑其长期后果，同时还需要对拟采取的行动步骤进行效果评估，而相应的思考和行动逻辑必须建立在长期定位的基础上。这可能意味着至少需要两方面的考虑。

一方面，我们要考虑的是相关问题的长期影响。一个很好的测试方法是提问：第一步是什么，第一步的效果如何。假定我们现在要采取行动的第一步，事实上它是有预期效果的，因此，我们首先必须评估预期效果。紧接着我们就应该问，接下来的第二步是什么。我们以商品定价为例来说明这一点。

## 模拟案例：如何向新客户提供商品折扣

观察：潜在的新客户要求在现价格的基础上给予折扣。

定位：导向性的定位考量评估。

- 第一步的效果：获得一个新客户的订单。
- 第二步的效果：新客户认为有权享受所有后续订单的特别折扣。对老客户的定价会产生什么影响？如果此举会导致价格水平的普遍下降，那么这样的连锁效应是否会导致成本过高？

另一方面，我们需要考虑的问题是，这些决策在同等情况下可能引发的普遍性问题，比如，检验评估一项决策可能引发的普遍性问题：

- 为每位客户提供价格折扣。
- 为每位员工加薪。
- 满足消费者索赔需求。

在这一案例中，如果客户要求的价格折扣引发连锁效应是不可接受的——这一情况可能非常普通，那么，我们就必须找到一种能避免这种连锁效应的对策。

## 对策：提供首个订单的特别折扣

如果新客户要求给他的第一个订单 10% 的折扣，该客户会进一步希望在以后的订单中也能得到这个折扣。对于这笔订单，供应商不如给予其 30% 或 40% 的折扣。因为，供应商显然不能持续提供这样的折扣,所以,后续订单会回到正常价格水平。

只为第一笔订单提供这么高的折扣,也很容易向其他客户解释。由于高折扣价格仅适用于新客户的首笔订单,价格水平普遍下滑的风险就降低了。

提供30%或40%的高折扣,企业对应的成本会更高,但从长期看,这实际上是控制了未来的成本。

综上,长期主义导向是指做出对企业发展具有长期积极影响的决策。但其必要条件是:即使当下的直接后果是负面的,也要做出这个决定。检验当下决策的方法是:

- 考虑当下决策会对第二步行动产生什么影响。
- 将当下决策转化为普适性决策适用于所有情况,从中梳理出可能出现的问题,然后评估其后果。

## 六、什么时候必须实行短期行为

在上文中,我们分析了什么是短期行为,并呼吁人们唤起追求长期主义目标的意愿,需要强调的是,这是一种"警示"。但基于长期主义的视角,这样的诉求适用于战略完全可行的情况,只有在妥善规划和准备实施时,实现这一目标才有可能。但对于初创企业或正在经历严重危机的企业来说,这一逻辑并不适用。

创业意味着从零开始发展业务,短期内的生存是企业面临的挑战。如果初创企业没有"持续"的订单、稳固的交付和财务基础,也就谈不上规划了。因此,管理初创企业与管理成熟企业的规则完全不同。或者,反过来说,若在成熟企业中沿用初创企业的管理风格,则迟早会毁了这家企业。

同样,对于成熟企业来说,当面对一场严重的危机时,则必须采取完全不同的策略。为了把这个问题和本章的内容联系起来,让我们简单地列举一下:

- 长期主义定位需要对形势保持敏感,并灵活调整战略逻辑,以应对挑战。
- 任何长寿企业都会遭遇一些威胁生存的危机。具有应对一系列严峻挑战的能力是企业可持续发展的必要条件。
- 雪崩般的危机或一个致命的事故,都可能毁掉一个原本健康的公司。

但雪崩般的危机或致命的事故也是罕见的。只要企业的技术是稳定的,企业就能够在发生战争、国家垮台,甚至被征用的情况下幸存下来。因此,我们应该以乐观的态度来看待企业的可持续发展。

## 第三节　可持续发展企业特质

### 一、家族企业与上市公司的区别

实证研究表明,在几乎所有市场上,都有非常古老的家族企业。在家族企业内部,一般会有一些约定俗成的做法。比如,几乎所有人都一致认为,把企业传给下一代是家族企业可持续发展的一个关键前提。此外,在多元化、家族企业中的非财务因素和情感因素方面,家族企业也有一些共性企业的特点。

我们也注意到了家族企业目标与上市公司目标的差异。上市公司必须要接受市场投资者设定的目标。如今，这些投资者已有相当标准化且可量化的目标。投资基金之间存在竞争关系，这意味着它们会根据共同标准（股东价值）对企业的业绩进行比较。我们已经看到，在金融目标框架内，基于金融市场标准的战略与家族企业的自身战略之间存在着根本性的差异。由于金融市场中股票价格波动具有短期价值，而且很大程度上是由投资者对企业短期内发展的波动预期导致的，因此基于金融市场标准的战略都是以短期为重点的，这与企业管理的初衷和以管理实践为基础的理论背道而驰。

企业的长期主义定位应以企业价值的增长为重要准则。这里所说的价值，跟股东价值理论的概念是一样的，即经济单位未来收益的现值。假设企业的价值只与我们从实证分析数据中得出的销售数据相关，甚至等于销售价值，从长期来看，销售价值增长幅度在4%—8%的区间内是合理的。

用成功企业理论来解释为什么一些公司在全球或区域性市场成长为头号企业，甚至成长为其特定细分市场的"隐形冠军"，我们对此持质疑的态度，这种逻辑无法解释这样一个事实：有些非常古老的企业显然没有那么成功，没有成为数一数二的头号企业。事实上，成功企业理论的一个根本缺陷在于，它认为市场中一定存在"赢家"。

## 二、要长寿，先"体检"

我们可以从企业层面和业务层面来分析可持续发展的前提条件，见图2.2和图2.3。我们认为，对于企业而言，确定无疑的"赢家"是不存在的。应该说,企业运营需要永不停息的努力,让企业始终留在赛场上,生存下来就意味着胜利。因此,我们提出了一个不同的概念:"体检",或者可以简称为企业健康测试,即企业只有通过测试才能获得参加比赛的资格。所谓的测试就是企业生存所必需的某些前提条件。如果这些必要的前提条件中有一项没有得到满足,企业就无法进一步参加比赛。

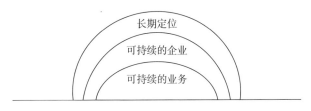

**图 2.2　可持续发展的杠杆**

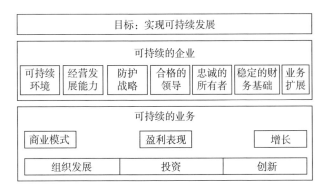

**图 2.3　可持续发展的前提**

在企业层面,我们将企业可持续拆解为几个目标,这些目标的实现取决于家族企业的长期主义定位。这些前提条件是:

- 可持续的环境,包括政治环境和经济环境,如所有权制度完善,整个行业没有衰亡或整体迁至境外等。

- 拥有足够的能力在某一细分市场中经营并发展业务。
- 抗风险能力较强的防护战略。
- 合格的领导和功能性组织。
- 不退出企业或将其出售给其他公司的忠诚的所有者。
- 稳定的财务基础,在一般情况下,这需要企业拥有盈利能力。不会出现信用评级的恶化或财务困难。
- 不断扩展业务。这个要求可能是存疑的,但我们先将这一点列举在此,因为这是需要评估的因素。

在分析业务层面的前提条件时,我们认为企业运用资源是理所当然的。基于这些资源,需要为业务制定可持续的战略。业务层面的构建包括:

- 商业模式:这里的商业模式是指如何为市场创造价值,以及如何通过为企业获得足够的市场份额,进而获得利润。商业模式包括许多战略设计选项,例如哈佛商学院教授迈克尔·波特提出的市场竞争策略模型,德国管理学思想家赫尔曼·西蒙提出的"隐形冠军"的概念,欧洲工商管理学院(INSEAD)金(Kim)和莫博涅(Mauborgne)提出的蓝海战略①。
- 盈利表现:这里包括了企业在价值创造过程中的表现。
- 增长:获得利润不是最终目的,而是用于实现业务

---

① KIM W C, MAUBORGNE R, 2005. Blue ocean strategy: from theory to practice [J]. California Management Review, 47(3): 105-121.

发展的一种手段。因此，如果增长是这种发展战略的必要因素，就需要进行相应的分析。

而实现业务层面可持续的最基本战略是：

- 组织发展战略：这是确保可持续发展的基本战略之一。
- 投资战略：如果没有前期的资金投资，就不会有后来发展，也不会有未来取得成功的潜力。
- 创新战略：没有创新就没有竞争力。应该说，创新方面的投资是对人力资源的投资，也是对未来的投资。作为创新战略的关键，战略目标需要在过程中不断细化，如新的商业模式，或者是更好的业绩，或在新的细分市场中实现增长。

下一步就是要确保这些战略的实施，在执行实施层面就可以据此规划设立各种功能性战略，例如"营销""运营""物流"等。执行结果的影响因素包括对这些要素的重视程度、战略界定、行动时机和执行力度。通过这样的方式可以让我们对当下的战略进行定位，或者明确家族企业的战略业务类型。当然，如果企业因为某一业务部门的亏损，或在与"真正"业务毫无关系的市场投机中亏损，那么企业战略制定都将是徒劳的。

# 第三章
# 长期主义的战略选择

## 第一节 为什么需要可持续的业务模式

我们知道,企业的可持续发展不仅需要正确的企业战略,还需要正确的业务模式,这是因为企业增长和利润模式的良性发展是建立在各项业务发展的基础上的。可以说,只有企业层面和业务层面都得到保障,企业才能实现可持续发展。

本章我们探讨业务层面,业务发展是企业避免亏损、衰败,并得以存续的基础。

我们在这里所说的"业务"相当于企业的"业务单元"。在小公司中,"业务"是员工具有一定自主权的经营活动,可能是企业中不同的产品系列、不同的技术类别、针对某个客户群体的不同服务,或是某些特定的应用程序。在规模较大的公司中,这些项目或者业务甚至可能配备了齐全的职能部门,它们用不同的产品和技术来服务不同的客户群体。

### 一、不存在永远增长的行业

我们知道,行业为企业的战略拓展提供了空间,事实上,在企业进行 SWOT（strengths，优势；weaknesses，劣势；opportunities，机会；threats，威胁）分析时，"威胁"和"机会"都由外部经济环境决定，而所谓的商业模式就是指企业如何利用机会，以及如何应对威胁。

因此，在我们讨论可持续商业模式的重要意义之前，我们首先需要阐明整个行业对可持续发展的诉求。许多成功的公司都是在一个行业处于初始发展阶段时起步，并随着该行业的发展而成长壮大起来的。但是，如果整个行业都在走下坡路，那么企业的发展也会受到影响。

因此，没有一个企业或单一的管理团队能够通过卓越的管理技能来阻止整个行业的衰落。从理论上讲，像管理学家西奥多·莱维特（Theodore Levitt）在其发表在《哈佛商业评论》上的成名作《营销短视症》中所指出的："我认为根本就不存在增长型行业，只有用行动去创造并利用增长机会的公司。"[①] 但是很少企业能够提前意识到行业的衰落和兴起，从而转换赛道。

要知道，新兴行业所需要的技术和诀窍与旧行业完全不同。因此，通常情况下，新兴行业往往都是由新型企业家推动发展的，这是因为既有企业不太能将他们的资源转化为新的需求。

这意味着很多企业的产品和技术被大规模淘汰，或面临较高的风险。不妨想一想纺织业的大部分产能从欧洲和美洲转移到亚洲的情形。而当前最现实的问题是，数字化趋势使很多行业发生了翻天覆地的变化。正如工业 1.0 淘汰了大多数传统生产工艺（非服务业）一样，工业 4.0 也可能会淘汰以大量制造

---

① LEVITT T, 1960. Marketing myopia [J]. Harvard Business Review, 38：45-56.

产品、机床、装配的行业。

面对整个行业的动态进程,对管理层而言,这是命运吗?或者,管理层开始思考,我们能做些什么?

毫无疑问,在当下这种情况下,企业需要确立一个新战略。

我们可以从研究中学到很多东西。例如,凯瑟琳·鲁迪·哈里根(Kathryn Rudie Harrigan)提出了以下战略性建议①:

- 培养对行业生命周期的敏感性。注意"预警信号"。
- 评估你在行业中的实力。只有非常强大的公司才能在行业整合后"坚持到最后"。
- 尽早适应行业内的变化。如果变化出现的时间太早,可以放慢适应的节奏,但需要指出的是,仅仅靠后期的冲刺是无济于事的。
- 如果一家企业在其所处行业中没有优势,应该寻找进入其他行业的机会。由于这是一次高风险的尝试,所以维持原有业务现金流的做法是明智的。
- 如果一家企业的业务没有竞争优势,只要资产仍然有价值,就应尽早退出濒临绝境的业务。我们要补充的是:不要太早退出,尽量保持原有的现金流,以便寻找新的领域。

因此,我们的结论是:任何行业都不是固若金汤的堡垒。必须不断观察,才能把握动态,并及时随市场状况调整。

---

① HARRIGAN K R, 1980. Strategy formulation in declining industries [J]. The Academy of Management Review, 5(4): 599-604.

## 二、因适应而可持续

我们知道，相对于其他形式的企业，家族企业更长寿。然而，长寿的企业在其发展过程中，在各种干扰下曲折前行的路径，常常一次又一次让我们感到惊讶。

德国赫尔根公司的故事就是一个典型的例子。赫尔根公司位于德国一个鲜为人知小村庄。赫尔根公司创立于1949年，创立者是现任管理层股东的祖父母。彼时德国正值战争结束，刚刚开始实施以自由市场和德国马克（German Mark）为基础的新经济时代，赫尔根家族开始了他们的新生意，他们向当地各家各户出售煤炭。对于处于当今时代的我们，可能会产生疑惑：煤炭？煤炭不是很快就被石油和天然气取代了吗？确实如此，但显然，他们当时并没有料想到后来的发展。在1949年，煤炭还是德国工业坚实的能源基础。德国没有石油，人们的家庭燃气来自煤炭加工后的煤气。很快，赫尔根家族就拓展了他们的经营范围。

他们扩大了卡车运输的货物范围，开始运送建筑材料、粮食和其他散装货物。在这些业务中，我们可以看到一个共同点：他们运送的都是成堆的散装货物，这些散装货物码放得整整齐齐，以便随时运送、分发给终端客户。后来，由于家庭燃气和工业用煤逐渐被石油取代，正是这一大宗货物运输业务帮助企业生存了下来。但遗憾的是，对赫尔根公司而言，其煤炭分销业务被石油配送业务所取代的道路，并非一帆风顺。究其原因，首先，石油公司更喜欢自己把石油运送给终端客户，因此，他们向零售商提供最优惠的商品价格。他们只把客户密度低的偏远农村地区留给了零售商，而这是一个规模非常有限的利基市场。

其次，如果从事石油配送业务，意味着公司需要一个新的油罐车队，而不能继续使用公司已有的散装卡车车队。为了扩大运输散装货物的范围，公司收购了一个砾石场地，作为运送货物的中转站。由于集装箱可以提高运输效率，于是他们购买了可装载集装箱的卡车。与此同时，不断扩张的工业生产规模和现代消费市场使垃圾越来越多，废物也可以用集装箱收集起来。自然，赫尔根公司可以用卡车运送这些集装箱。可是，把废物运到哪里去才好呢？你猜对了：运到他们自己的砾石场。那个时候，人们把垃圾和废物存放在废物堆积场，而一个现成的砾石场显然是一个完美的废物堆积场。然而，随着人们环境保护意识的增强，废物堆积场地的使用受到了严格限制。因此，该公司原本完美的商业模式就再次被淘汰了。法律要求将垃圾和废物分类，以便回收利用。此时，家族第三代克里斯蒂安·赫尔根（Christian Hürdgen）从学校工商管理专业毕业后加入了公司。他和他的父亲一起，开始考虑将公司的业务从废物收集堆积转为废物处理。如今，他管理着一家大约有 140 名员工的公司，经营着大约 14 万吨的垃圾处理业务。

现在，他们在半径为 200 公里的范围内收集废物，将其运到中央分离点，并对各类废物进行分类，直至最后一个环节——回收或将其焚烧。这是该公司如今的业务核心，每年会为公司创造大约 2 000 万欧元的收入。此外，处理危险工业废料和散装货物运输服务等经营活动还能为公司增加 1 000 万欧元的额外收入。

赫尔根公司在 1949 年成立时只有五个人：老板夫妇和三个帮手。如今公司有 140 名雇员，考虑到生产率的提高，销售额实际增长率约为 6.5%，名义增长率约为 8.5%。

事实上，这家企业发展的特别之处在于其对不断变化的市场趋势所给出的多样化运营策略。这就是企业能长盛不衰的原因。当煤炭分销业务彻底被市场淘汰后，企业必须找到新业务。实际上，企业不仅找到了新业务，并以每年 10% 以上的速度发展新业务，实现了 6.5% 的实际增长率。

在德国，废物处理回收市场上有两大竞争对手，这两家公司都在全国范围内开展业务，分别是瑞曼迪斯公司（Remondis）和欧绿保集团（Alba），这两家也都是家族企业。但赫尔根公司并没有被对手的规模吓倒。赫尔根公司的相关业务集中在区域市场，在业务所在区域范围内，赫尔根公司颇具竞争力。从罗马时代起，废物收集处理就是一个传统的社会问题，因此，这应该是一个永久性的市场。此外，这还是一个完全受法律法规监管的市场。人们可能永远无法预测未来政府会采取什么措施，不过最有可能的是，企业会保有自己的核心竞争力——处理成堆的散装货物，并在业务调整中占据优势。

## 三、可持续的商业模式

所谓商业模式，是指企业如何通过商业活动创造价值，以及如何通过这种价值创造为企业创造收入。从更广泛的意义上说，商业模式是一个在竞争和动态环境中追求商业活动可持续发展的概念。在一个行业的历史发展过程中，我们可以发现各种各样的商业模式，而且我们也可以看到不同领域内的商业模式。

可持续的商业模式，应该包含了所有卓越企业的标准：客户亲密度、服务导向、质量和可靠性等。但前提是企业家应该了解战略的基本逻辑。同时，对于企业而言，一个可持续发展战略必须建立在一项或多项优势之上。企业家需要知道，企业只避免弱点是不够的，企业的战略思考要求关注一些特定优势。这是任何战略选择的通用原则之一。

哈佛商学院教授迈克尔·波特在《竞争优势》中提出了三种通用的商业模式：成本领先、差异化和专注[1]。但这种分类过于宽泛，我们需要进一步区分。

以大规模生产为基础的商业模式是大型全球性供应商的支柱。它们的庞大规模源于各种优势：

- 在国内是某个市场的主宰者，比如意大利或日本面食制造商的优势；
- 低成本国家的强大公司，低成本是一个非常特殊的资源基础；
- 拥有全球影响力的品牌专家，如雀巢公司；
- 注重创新的"创新大师"；
- 拥有稀有资源的资源控制者，如矿业公司；
- 以内部开发的技术和全球实践为基础的"生产力大师"。

---

[1] PORTER M E, 1985. Competitive advantage [M]. New York: Free Press.

还有一些拥有专长的"产品大师",它们是另外一种类型:

- 利基专家:为特殊客户群体提供某细分市场产品;
- 隐形冠军:中小市场的领导者;
- 小巨人:某些食品行业和服务领域的公司。

此外,还有一小部分企业类型,它们的业务与规模无关,过大的业务规模甚至可能会成为其劣势:

- 个人服务,如理发;
- 高端产品服务;
- 奢侈品服务。

德国通快集团和凯驰公司(Kärcher)是两种不同的类型。通快集团利用步冲轮廓技术开发数控机床 Trumatic。并且在机床产品中应用了激光技术。在日新月异的技术创新发展中,无论是数字化的发展、网络化产品的普及、增材制造(additive manufacturing)、3D 打印的应用,还是芯片制造,通快都在拥有巨大潜力的新技术领域寻找自己的目标市场。

而凯驰公司的管理者认为,任何成功都是无法自我延续的,因此,凯驰公司选择了多样化产品战略。凯驰公司拥有三千多种产品,产品的零售价从 9.9 欧元到 350 万欧元不等。这些产品几乎在每个国家都有销售,在产品设计中,凯驰公司遵循了不同国家的不同规定和监管要求。在凯驰公司的业务中,B2B 业务和 B2C 业务各占 50%。之所以选择这种战略,是因为 B2B 业务和 B2C 业务的景气周期是相互交替的,所以两种业务的划分意味着我们始终拥有良好的设备使用率和增长机会。

而商业模式的制定并不是一劳永逸的。任何一项商业模式和创造价值的流程标准都有可能会在某个时间点适用，而后又被淘汰。虽然低成本生产要素（如低工资）有可能会延缓商业模式的衰亡，但这种作用不会持续很长时间。因此，升级或彻底更新既有商业模式，进行相应的投资，应该是企业的首要任务。但与此矛盾的是，这些投资往往并不能提高短期内的盈利能力，从而也在企业决策中缺乏说服力。企业家需要明确的是，虽然这项投资在初期不利于提高盈利能力，但是有利于整个企业的可持续发展。

**结论** 对商业模式进行选择或调整时，都要对市场保持敏感，并做出反应。不要吝惜用于实验的投资，也不要试图计算任何回报。企业的最终目标是找到可持续发展之路，从而延长这个企业的寿命。

## 第二节 影响盈利能力的因素

我们知道，人们不能直接影响利润，因为利润是企业经营的结果。人们只能影响导致盈利结果的原因。而组织的整体绩效或总体成就就是影响盈利的重要原因之一，尤其是其中的关键绩效指标（key performance indicator，KPI）。

人们往往会认为，只有一条通往高利润的途径。但事实并非如此。"可选路径"是以人们不同视角的思维模式为基础的。所谓思维模式，就是对广泛现象的一种建构，包括我们自身的优势，对竞争对手的看法，以及在市场上获得的经验。

## 一、不同的生产方式

**基于数量的生产方式** 这通常是美国企业采用的生产方式。正如大卫·A.亨德谢尔（David A. Houndshell）曾指出，美国早在19世纪就已开始使用一种降低成本的方法①。装配线的发明就是一个很好的例子。在布鲁斯·亨德森（Bruce Henderson）研究了"经验曲线"(the experience curve) 的影响之后，数量领先战略就成了实现盈利的可靠途径。当然，大批量生产的成功经验也基于这样一个事实：美国的国内市场从过去到现在一直是几乎所有产品的最大市场。中国可能很快就会成为某些产品的最大市场，对于我们而言，进一步观察中国公司会采用哪种思维模式选择盈利途径，将是一件很有趣的事情。

数量是产品和生产设施层面企业层面、产品组合层面和全球市场层面的相关标准。在产品及其生产设施的层面上，由于边际成本的下降，人们提出了"最低有效规模"(minimum efficient scale) 的概念。所谓最低有效规模，就是可以实现效用最大化的最小规模，也是企业经济规模的底线②。这意味着，如果企业没有达到这一生产规模，则意味着成本劣势，就需要通过其他因素来弥补，比如提高价格或降低物流成本等。但如果超过这个水平也并不会导致生产成本的进一步降低。

---

① HOUNDSHELL D A, 1985. From the American system to mass production, 1800-1932: the development of manufacturing technology in the United States [J]. Technology and Culture, 38 (2).

② BESANKO D, DRANOVE D, SHANLEY M, et al., 2009. Economics of strategy [M]. 5th ed. New Jersey: Wiley.

对于企业而言，这就设立了第一道门槛，如果企业的规模小于市场领先者，就需要用较少的生产设备达到最低有效规模。而对于较大的公司而言，已经无法再进一步降低生产成本，大公司一般主要通过压缩销售费用和管理费用来创造成本优势。然而，通过降低管理费用所能节省的成本是有限的。随着组织规模的扩大和运营多元化，企业成本必然是逐渐增加的。显然，仅仅为了增加生产数量而扩大企业规模，并不是实现可持续盈利模式的可靠途径。事实上，对于很多美国公司而言，过于重视生产数量并不可取。

**以工程和制造为基础的生产方式**　当下很多现代产品都是在流水线上组装的。对于此类产品，复杂产品的工程设计是提高整体生产率的关键。减少组装部件的数量是降低成本的法宝。去除一个零件意味着同时去除了这一零件的材料成本、搬运和储存成本、装配和连接成本。需要指出的一点是，这种方法对于生产力的提升作用是没有上限的。新材料、更好的设计技术和新的装配设备会一次又一次地提升企业的生产率。

**以资本缩减为基础的生产方式**　根据股东价值理论，盈利能力是以企业产生的净自由现金流来衡量的。因此，所有不能立即提高销售额和利润的固定资产投资都是不良投资，这类投资会降低股东价值。所以，要避免或推迟仅为修复现有资产而进行的固定资产投资。

而提升股东价值的方法是以资本生产率为基础的，例如尽量缩减资本投资额。这进一步导致了钢铁、造纸、水泥等资本密集型产业得不到股市的青睐，企业的管理层不敢过多投资于现代生产设备。这也使曾经处于世界领先地位的美国工业不断退化，失去了全球竞争力。

**以员工为中心的生产方式**　首先，我们照例谈谈德国的情况。大多数高度发达的欧洲国家可能情况与德国相似。利润竞争始于生产率的不断提高。这里的生产率主要是指人力资源的生产率，其原因有两个。第一，有关工资协议的谈判导致每年的实际工资都在增长。但在竞争激烈的市场中，销售价格不会一直上涨。因此，企业必须通过合理安排员工的工作来应对劳动力成本的提高。第二，德国企业的战略是以员工的生产力为基础的。为了实现员工生产力的提高，德国企业家，特别是家族企业管理者，会在现代化的、高生产率的设备上投资。人们认为，为了提高生产率而进行的资本投资是有益的。这一战略使德国拥有了一支高素质的劳动力队伍，他们的薪酬很高，但在世界市场上具有很强的竞争力。

在经济衰退时期，提高生产率的压力会越来越大。这一压力与人力成本的压力一起达到顶峰，从而导致企业大量裁员，而裁员计划则需要支付一笔巨额的赔偿费。

日本企业的盈利模式与德国企业类似。日本企业的管理层更加强调对完美品质的追求。不过调整劳动力数量的压力会转移到次级供应商身上，以便大公司维护终身雇佣的理念。

**以低成本为基础的生产方式**　我们再来看看成本国家的潜在供应商（如服装供应商）的情况。首先，它必须是一家"强大"的公司。它的客户（服装品牌公司）更愿意与能力更强、产能更大的供应商打交道。其次，它们对劳动安全和质量的要求更加严格。它们面临的困境是，随着制造业的发展，工人的工资水平进一步提高，货币进一步升值。因此，另一个成本更低的国家就成了潜在的备选项。不妨想象一下曾经是低成本国家的巴西。

以低成本为基础的生产方式还面临着制造过程自动化的竞争威胁。一个完全自动化的制造过程不可能在低成本国家进行。首先，自动化制造过程中的劳动力成本费用可以忽略不计；其次，以每周 7 天、每天 24 小时的时间开展这样的业务，需要完备的服务供应商和物流供应商，偏远地区很难有这样的条件。

依照经验来看，盈利似乎有两条路径：低成本路线和质量路线。但低成本路线在发展中国家似乎并不是真正可持续的。

## 二、产品质量是最重要、最有价值的 KPI

坚持长期主义导向的企业，需要牺牲短期的利润，以获取未来更高的收益。这种策略的实现途径之一就是注重产品质量。原因在于，经理们认为，确保产品的质量需要在质量控制等流程上增加开支。这些"负面影响"需要与降低保修费用提高客户满意度等"正面影响"进行权衡。因此，人们试图以可控的费用水平来获取可接受的质量水平。或许 2% 的不良产品率还不会危及客户关系，那么，提高 1.5 个百分点后会怎么样？

但今天的情况已经完全不同了：质量就是"收益"！因此，对企业来说，最好努力追求完美的品质。现在流行的说法是"零缺陷""将不良产品率维持在百万分之几以内""质量来自制造而非终端控制"。根据这种现代理念,质量改进产生的任何费用都可以通过以下预期收益得到合理的补偿:客户忠诚度、产品性价比、市场份额、整体生产率和流程运行平稳等。此外,产品质量的明显提升也可以证明,对先进技术进行资本投资的项目是合理的。

但要提醒一点:提高质量无法一蹴而就。人们不能在实施一项计划后就期望马上得到或多或少的回报。提高质量是一项耗费时间的工作。其原因在于:人们必须在每一个与质量相关的环节调整工作方法和工作态度。提高质量必须是一个面面俱到的策略,你需要多年的坚持。可以确定的是,结果将是积极的,这就是长期的回报。

第二个提醒是,树立一个生产高质量产品的企业形象需要很长的时间,但一夜之间就可能失去它。因此,企业需要零容忍策略。对质量的过多妥协可能会严重损害企业的产品质量。当然,企业在市场上的声誉也会受到损害。更危险的是,如果企业中的大部分员工都认为质量上的妥协是可以接受的,进而就会出现这里一个偏差,那里一个妥协,很快,问题就会逐渐显现。随后,这种质量恶化的不良影响会蔓延到整个公司。因此,长期导向需要管理者具备决心。

早在19世纪,德国工业企业就意识到,低成本优势不足以与当时更先进的英国工业竞争。后来,一些德国公司有了优化成本结构和提高产品质量的想法。如今,德国企业的普遍经验是,最大限度地提高产品质量可以抵偿自身的质量管理成本。为了生产具有稳定质量水平的产品,制造过程需要有良好的团队和组织。从长远来看，一方面，专注于产品质量可以降低生产成本。另一方面，好的质量可以提升产品价格。因此，盈利能力是由这两方面支撑的。对绝大多数德国企业而言，这一策略非常有效。

接下来，我们从另一个维度讨论盈利的两大途径：基于定价的盈利方式和基于生产率的盈利方式。

基于定价的盈利方式，这一方式通常被瑞士等国采用。一般而言，普通的商业模式是不允许高定价的，只有拥有传统品牌的奢侈品和质量卓越的产品才能够采取高定价策略，比如劳力士（Rolex）手表和维氏（Victorinox）军刀，它们代表着高质量的瑞士品质。不过也有一些"常规"产品的优质品牌，比如德国家电品牌"美诺"（Miele）和卫浴品牌"当代"（Dornbracht）。此外，意大利、法国、瑞典和丹麦产品也以独特的产品创意设计而闻名。显然，提供"顶级"质量必然要提高产品定价。以折扣价获得"顶级"质量是不现实的。

凯驰公司的三千多种产品中，零售价从9.9欧元到350万欧元不等。在接受我们采访时，凯驰公司哈特穆特·詹纳（Hartmut Jenner）告诉我们，这一策略背后的逻辑是：企业的终极目标就是能在市场中一直生存下去。他认为生存是最重要的目标，其他的都是其次。因此，选择多样化产品战略最终或许会降低一点儿销售利润率（return on sales，ROS），但这种多样化却能给企业提供最大的保护。凯驰公司2009年的表现就证明了这一点，即使大环境非常恶劣，凯驰公司的销售额也只有小幅减少。哈特穆特·詹纳说："从长期来看，这种策略能创造更多的利润。为此我们构建了优质高效的内部流程,这些流程发挥了非常好的作用。这种模式也让公司拥有了良好的应变能力。"

## 三、可管理的增长方式

可以说,对于企业而言,可持续的商业模式是必不可少的,一定的盈利能力也是不可或缺的。谈到增长,家族企业是否也需要增长,以及以何种速度增长,这是一个值得探讨的问题。

我们以城市中心广场的一家酒店为例。因为其所处的位置,这家酒店不能扩大面积,但它显然需要设施上的"质量增长"(qualitative growth)。可以说,一味追求增长率肯定会导致企业的衰败。但是,如果没有增长,企业也必然会衰败。我们知道,一家小公司不能一跃成为大公司,因此,对于企业来说,应该通过可管理的、有规律的步骤实现必要的增长。

这是制定家族企业战略的关键之一。通常在市场中,有一家或几家大型上市公司处于领先地位。家族企业不可能一举达到领先公司的规模。正如前文中我们对盈利能力的讨论,对于家族企业而言,并不需要达到那样的规模。即便规模很重要,它也主要与生产单位的生产水平(最小有效规模)有关。但是,经济发展的动力仍然需要增长。推动增长的一个强大驱动力,就是利用技术的进步,即使用生产率更高的设备,因为生产率更高的设备可带来更高的产量。进而,产出水平会逐渐提高。因此,从另一个角度来说,为了利用更先进的设备,企业也需要增长。

通过这一方法来提高生产率,也会导致行业大量公司被整合。如果生产率的增长率高于需求的增长率,将导致规模较小的供应商被迫退出市场,尽管市场整体仍处在增长之中。

## 四、基于综合盈利能力的财务稳定性

众所周知,企业开展业务就需要有资金保障,而企业又是为其自身业务提供融资担保的机构。一家公司可以通过发行股票或债券来融得资金,但公司也需要按照约定和承诺偿还贷款或支付股价上涨的股息,这就意味着公司需要有盈利能力,才能保证源源不断的资金流。

无需赘言,利润是企业生存的必要前提。但这还不是问题所在,问题的关键是需要多少利润。

当然,对于家族企业而言,企业可持续发展的长期目标与短期财务目标是相互矛盾的。家族企业的股东甚至会说:我们过着节俭的生活,不需要太高的利润。这也可以理解为利润最大化与企业对可持续发展的追求是一致的。但无论如何,合理的、令人满意的利润对任何公司的生存都至关重要。对于国家和地区来说,那些拥有盈利业务、能够可持续发展的公司是当地经济发展的基础。因此,如何实现盈利对公司和整个国民经济都至关重要。我们的兴趣点在于阐明企业战略中的关键点,因此,我们就企业的利润战略提出了这样几个问题:

- 保证企业可持续发展的合理利润水平是多少?
- 可以通过哪些渠道提高企业利润水平?
- 盈利能力和企业寿命之间的战略平衡点在哪里?

**什么是合理的利润水平** 我们已经谈过,要实现公司可持续的绩效策略，需要一个可持续的商业模式，也就是企业发展需要的两个层次的经营战略：企业的产品和服务能够为客户创造价值，同时该价格能够为企业带来合理的利润。

合理的利润意味着，它不仅可以覆盖价值创造过程的成本，而且利润还能够为未来的需求、创新项目、增长战略创造可能性和基础。而相应的方法、手段都是可以分析推演的，价值创造过程的成本可以通过足够精确的计算得出，企业管理领域和会计领域对此已经有了百年的研究，也创建了用于核算成本损益的知识体系。对于企业来说，评估成本是否足够低也可以进行相应的分析或基准测试。

作为企业的关键战略，如何确定利润水平，取决于企业对增长的渴望，以及对创新的需求。要实现增长和创新就必须进行投资，而投资又主要通过利润留存来提供资金。当然，企业首先需要创造利润，才会有留存利润。

从更长远的角度来看，如何保障长期的利润来源并不是最终目的，确保长期利润来源主要是为企业发展提供资金，它是保障企业发展的手段。因此，对于每一家公司来说，首先要去研究企业对利润有怎样的需求，这是非常有帮助的。这样一来，企业里每个人就都能更好地理解需要创造多少利润，以及有多少利润是需要留存的。

**利润的功能** 对于企业而言，为了能够覆盖成本支出，基本的盈利能力是必不可少的，否则经营活动就只能终止。但是，这一基本要求还不足以解释多少利润可满足企业发展需要。对于很多公司来说，为了吸引股东加入公司，让他们成为忠诚的出资人，并对公司的进一步发展感兴趣，企业就要不断地创造利润，这往往也是企业利润最大化的动机。但这种现象在家族企业中并不普遍，对于我们讨论的家族企业，我们发现企业的可持续性比使当前收益最大化更重要。那么，盈利能力是如何与企业长寿联系在一起的呢？我们认为，可以从以下这些原因去考量：

- 利润为商业模式的可行性和可持续性指明了方向。

良好的利润反映了企业为客户提供的产品或服务的价值，而不断缩减的利润是一个警示信号，表明这种商业模式可能不再具有吸引力。

- 利润为企业应对经营风险提供了缓冲。

经营风险是时刻存在的，比如需求波动、宏观经济衰退的影响、超常的保修费用等。

- 利润为企业提供了融资担保。这一功能可以分为以下四点：

1. 留存利润增加了企业所有者权益，并为企业的总体增长趋势提供了权益基础。

2. 企业利润证明了企业拥有较高的信用，企业可以据此筹集信贷资金。企业通过信贷融到的资金主要是用于盈利项目，而这些项目的收益能超够偿还贷款。

3. 企业还会有一些不产生任何显性利润的项目，这些项目往往是改善企业基础设施的项目，例如，新建总部或翻新现有设施等，这类项目需要用到留存利润。

4. 此外，企业还需要将留存利润投入到具有特定风险的项目,例如风险高但未必能成功的创新项目。为了实现公司利润增长,公司往往会投资于那些影响深远但风险很大的创新项目,对于这类项目,公司的野心越大,下注越多,对当下盈利能力的要求就越高,换句话说,投入风险越高的项目意味着必须将当下盈利能力的基数设定得越高。

- **利润有利于保障企业的战略安全。**

众所周知,所有为公司安全采取的保障性措施都会产生费用,比如:保险费、保护性分析(protective analysis)费用、审计费用、准备金储备等。风险越高,对危害的防护要求就越高,潜在利润也就必须要设定得越高,这样才会有资金用于安全保障。

- **利润是影响公司价值的因素之一。**

由于企业价值是年利润的倍数,如果市盈率为 15 或 20,则意味着企业的价值就是年利润的 15 倍或 20 倍。因此,利润的任何增长都可能会使企业的价值显著、甚至成倍地增长。

综上,我们可以说,利润是企业持续经营的必要基础。为了评估所需的盈利水平,企业需要做出自己的判断,再进行相应的决策。显然,如何分配利润才是企业的战略问题。这也是成功企业家智慧和远见的精髓所在。

**对综合盈利能力的要求**　我们知道,财务稳定的基础是企业具有一定的盈利能力,而企业的盈利能力取决于业务的盈利能力。但通常情况下,并非所有的业务对总利润的贡献都相等。我们在评估利润时,可以将业务分为以下类型:

- **尚未盈利的业务**:企业提供的产品或服务尚未获得市场

认可，或尚未达到经济规模生产所需要数量。

- 不再盈利的业务：有些产品或服务是公司几十年前的主营业务。如今，产品和服务的生命周期已经到了尽头，市场需求正在不断萎缩，能以低成本生产产品的竞争对手们为仅存的需求提供服务，而不再有任何产品创新。

- 从未盈利的业务：或许有一个人相信某个业务的未来前景，但这种信念可能只是一厢情愿，因为这个"未来"从未到来。

- 利润微薄的业务：公司在竞争激烈的市场中处于弱势地位。盈利能力尚不及主要竞争对手的一半，不过这样的盈利能力仍然是可以接受的。在经济衰退时期或在竞争激烈的市场中，公司会不时遭受损失。

**对稳定的利润池的要求** 几乎任何一家公司都面临投资组合策略的问题。与此同时，每一个可持续发展的企业都需要有相当一部分业务可以作为企业的利润来源。通常，这个业务只占总销售额的一小部分，比如占总销售额的10%，利润率高达30%。要打造合格的利润池，该产品或服务必须占据领先的市场地位，这种地位不会因技术发展或恶性竞争而受到损害。同时，这种高利润率的业务并不为大部分管理者知晓。

确保企业拥有一个良好的利润池是公司的首要任务，它的优先级应该排在"消除弱点"之上。

德国家族企业凯驰公司通过采取多样化产品战略获得了成功，其出发点包括这两个方面：第一，在凯驰公司的业务中，B2B业务和B2C业务各占50%。这是一种与众不同的战略，也是凯驰公司的一个巨大优势。因为 B2B 业务和 B2C 业务的景气周期是相互交替的,所以两种业务的划分意味着我们始终拥有良好的设备使用率和增长机会。第二,凯驰公司实现了全球化。凯驰公司在境外的销售额占全部销售额的 85%。

**对利润分配额的要求**　显然,如果企业将大部分利润都分配给员工,就会影响企业的财务稳定性。从理论上来说,一个家族企业至少需要保留三分之二的利润。这是增加股本和防御风险所必需的。如果所有的利润被分配殆尽,企业将面临很高的风险。

但在现实中,我们很少看到这样的情况。很多公司没有足够的利润留存,往往不是因为利润分配过多,而是因为盈利能力过低,这时候将利润分配额减少到零也无济于事。在这种情况下,提升盈利能力才是根本之道。

**基础业务异常和基础业务疲软的风险**　企业的发展历史一次又一次地向我们展示,那些想维持一般盈利水平和寻求稳定的企业总会失败。如果对其中的原因进行更详细的分析,通常会发现:企业只维持基础业务,日子也不会好过,因为所有企业都会时不时地遇到各种意外情况。这里的意外情况可能是席卷整个行业的一场经济衰退,也可能是由于原材料价格波动或新竞争对手出现导致的市场价格恶化。对于一家基本面良好的企业来说,盈利能力的这种波动是可以控制的。

但是,企业如果遭受了巨大损失,那么局面可能就会失控。产品责任索赔可能达到灾难性的数额;本币贬值会给有贷款的公司带来巨大损失;由于贷款负担、重组成本和商誉减值,在好年景进行的收购项目可能会成为日后的沉重负担。在生意兴隆的年份里，公司也许能够应付如此巨大的损失。但在基础业务疲软的阶段，异常损失的累积可能会大到企业无力应对的程度。因此，异常的损失也需要在企业可控制的范围之内，这需要管理者在企业发展中权衡发展与安全。

## 第三节　创新和投资需求

### 一、企业的创新需求

无一例外的是，每个企业都需要创新。企业不妨把当下的任何一项业务或一个产品与20年前的同类业务或产品进行比较。可以说，创新本身不是一种战略，它是一种与战略目标的某个领域相联系的战略实施，例如商业模式的更新、盈利能力的提高。

1960年，美国人发明了激光器；到1978年，激光已可以切割3毫米的钢板。当时，通快集团联合创始人贝特霍尔德·莱宾格曾去美国参观了五间工厂。但美国人都不想把他们自己的技术授权给通快使用。因此，通快只能自己动手开发这项技术。当时通快与德国航空航天测试研究所（German Test and Research Institute for Aviation and Space Flight）的合作卓有成效。通快建立了一个由五位专家组成的内部创新小组，并配备了一位秘书和一位电气技师。所有的董事会成员每周都会去拜访他们，了解他们的工作进展情况。后来，通快甚至开发出了1 500瓦特的激光器。通快公司也因此树立了一个创新型企业的形象。继气体激光器后，通快又开发出了晶体激光器，之后，通快还于1994年收购了拥有固体激光器技术的哈斯公司（Haas）。莱宾格认为，数字化、网络化产品的生产率正在大幅提高，增材制造、3D打印对小规模厂商来说也将是理想的技术。在他看来，在这些行业兴起之后，激光焊接也会是一个广阔的发展领域。通快凭借其在风险投资领域的涉足，可以近距离观察新技术领域的发展，并参与其中。

一家企业不可能无所事事几十年之后突然就有了创新的能力。因此，企业必须不断地积极展开创新工作，并建立配套的创新流程。虽然这些创新流程只是一些原则或规定，甚至只是一般性的描述。这是因为创新工作是一项探索未知领域的任务，仅凭意志力或财务工作是无法直接实现目标的。通常，企业在初期并不能确切地锁定想要探索的领域，而是在过程中不断摸索。无论如何，这样一个过程都需要企业高管定期且深入地参与其中。此外，企业还可以规定一些具体的有利于创新的程序。

**第一步：议程设置**　第一项任务，或许也是最重要的任务，就是将公司的创新战略列入最高管理层乃至董事会的议程。把一个议题提上企业最高机构——董事会——的议程，可向组织中的每个人表明创新的重要性。不难理解，作为一个战略计划，其实施过程就需要执行团队定期提交进度报告。这样的报告不仅应涵盖战略的实施现状，也应涵盖战略的目标。

**第二步：检视情况并监察发展**　尽管每个企业都建立了用于监控和评估财务绩效的机制，但是对于创新绩效，这一机制是无效的，因为还没有类似的绩效考核标准。但在大多数情况下，至少有些具体实践是可借鉴的。比如，将我们的专利申请在开发领域、发明数量和质量等方面与竞争对手进行比较，这是非常有用的。另外，核查当前成功的业务部门核心技术的"年龄"也是有益的。如果这项技术在 20 年前就已经被开发出来了，那么随着科学的进步，很可能有更先进的解决方案。这种检视还可以带来两种变革性的思维，一个是可以将当前成功的业务在生命周期曲线上进行定位。另一个就是可以确定生产过程中主要工艺流程的"年龄"，如果这些流程的"年龄"已超过 10 年，那么同样，市场上很可能已经出现了生产率更高的工艺。

分析当前销售和利润基础的"年龄"结构是非常有必要的。企业必须竭尽全力摆脱"创新者困境"（innovator's dilemma），所谓"创新者困境"就是被当前技术的成功所束缚，当前的成功导致自满和停滞①。为了获得更多可持续的产品和技术，创新总会破坏现有的资产结构和利润池。所以，企业还必须与过往留存下来的风险作斗争，例如对新趋势的适应能力不足。另外，创新型公司还应该引入新的商业理念，以免错过创新的时间窗口。

重要的是使用一组可比较的数据或信息，并定期更新对比分析报告。

**第三步：制定鼓励创新的政策**　管理层报告中的创新政策

---

① CHRISTENSEN C M, 1997. The innovator's dilemma ［M］. Boston：Harvard Business School Press.

需要说明创新工作的重要性。创新在战略层面有两个要点：首先是寻找有吸引力的战略目标，这是一个寻找和创造的过程；其次是在各种推动创新的利益之间取得平衡。这种平衡行为涉及以下权衡和取舍：

- 高额利润与创新支出之间的平衡。
- 忠于家族企业的商业传统，与促进企业向现代商业多元化模式转型之间的平衡。
- 接受创新风险与叫停前景不明的创新项目之间的平衡。

曼奈柯斯在工业电力联接领域拥有稳固的业务之后，就进军欧洲电动汽车领域，成了一家电动汽车电力联接产品供应商。事实上，早在 2007 年，虽然那个时候还看不到电动汽车巨大的市场潜力，曼奈柯斯就全身心投入到了电动汽车的研发之中。当时企业相信，电动汽车会是未来的趋势，并且认为，任何电动汽车都需要用电源，因此也就需要有相应的电力联接产品，这种产品还需要拥有特定的功能。曼奈柯斯充电站和电力联接产品获得欧盟委员会的许可，并且还让其他供应商免费使用自家的专利。十多年后，曼奈柯斯销售额中有四分之一——约 1.6 亿欧元销售总额中的 4 000 万欧元——来自这个产品。此后，曼奈柯斯又在建筑和机械领域投资了大约 4 000 万美元，以加强这一新的细分领域及相关核心业务的发展。对这样一家中型公司来说，这是一笔巨额投资。

如果认为创新对于所有公司来说永远都是头等大事，那就太简单了。对于一家规模较小的公司来说，在引进新技术或部署新设备方面扮演先行者的角色，可能风险太大。对他们来说，跟随新兴趋势或许更合理。尤其是在 B2B 市场中，客户不愿意依赖独特的、来源单一的产品，贸然引进新技术、新设备，对于小规模企业来说，风险是非常大的。然而，对于一家隐形冠军企业而言，创新和进步又是非常重要的，对于这样的企业而言，就必须忽视创新对短期利润的负面影响。这样的方式可能需要将创新预算分离出去，不让其参与财务绩效评估，同时这会使创新成为单独的激励项目。而当将创新作为企业激励计划中的一个单独项目时，目标设定和激励计划中就应体现重要事务的优先次序。尤其对于家族企业的可持续性而言，创新和成长比短期盈利更重要。这一优先事项需要反映在治理过程的所有要素中。

**第四步：分享创新经验** 在一个成熟的行业中，一个重大的创新项目可能需要 10 年时间才能完成。这意味着一个四五十岁的高管，在其职业生涯中最多只能参与两个创新项目。这种有限的创新经验是非常珍贵的，没有经验的管理者可以从董事会高级管理人员处吸取经验。同时，这种经验交流有助于员工克服因创新进展不顺利而导致的挫败感，也可鼓励员工勇于尝试。

**第五步：删减创新组合** 我们始终强调要鼓励创新项目，但在创新项目上表现出太多耐心也是有风险的。为了避免创新项目的损失，人们通过成本不断增加的全新行动，企图使创新取得成功的"突破"。这时候，需要进行一次风险评估，以避免把金钱投入无底洞。特别要考虑的是，很少有一无是处的创新项目，每个创新项目都有其自身的亮点。当然，人们可以通过充分的理由来证明否决一些项目是合理的。

## 结 论

结论是我们的第六步，也是最后一条建议。如果某个企业看似什么都不需要改变，那么无论如何都要启动一个创新项目。

如果你认为你不需要对你的创新工作进行年度审查，因为你的企业不需要，或者因为现在一切都很顺畅，那么：无论如何，都要将创新列入议程——因为你永远都不知道，也许一个重要的机会即将来临。创新总会带来好运，但必须给好运提供一个降临的机会。

## 二、企业的投资需求

没有投资就没有企业的发展。但投资不是自发性战略，而是与企业的其他战略目标联系在一起的，即为商业模式革新、为生产率提高、为增长和创新而投资。凯驰公司 CEO 哈特穆特·詹纳认为："一家企业不应该在银行存有很多现金。我认为，如果一家企业在银行有很多现金，就意味着他们不再有商业追求了。我们的目标是让公司不断发展，但不要举债。举债会让人上瘾。"

事实上，投资的优先级不能根据盈利能力来设定，因为不是所有的投资都可以计算未来的盈利能力。人们需要一种战略层面的逻辑来分配投资预算。

每个战略规划的年度议程中都包含的一个主题是资本投资计划。任何一家公司都会定期审查资本支出，原因包括两方面：首先，资本投资是公司融资的主要组成部分。在任何战略中，维护金融稳定都是重要的优先事项之一。其次，企业未来发展的方向体现在资本投资项目上。没有相关的资本支出，就不会有生产率的显著提高，也不会有重大的发展和进步。

因此，考虑资本投资策略时，我们可以、也应该区分企业或业务部门发展的不同阶段：初始增长阶段、稳定状态阶段、可持续增长阶段、暂时衰退阶段，以及长期衰退阶段。

**初始增长阶段的投资战略** 企业发展的初始阶段往往以高增长率为特征：比如员工从 5 名增加到 7 名，员工人数增长率高达 40%。因此，此时投资需求十分旺盛。可以缓解融资问题的任何途径，如采用租赁、延长付款期限等，都是非常重要的。对企业而言，关键问题是我们能负担多大规模的融资。无论如何，在这个阶段，还有比融资手段更重要的事需要处理，即找到可持续的融资渠道。在最初的高增长阶段和随后的发展阶段之间有一个关键的转变。最初，现有设备的折旧额可用于产能扩张。不妨设想一下这样的场景：一个卡车运输企业，它拥有 10 辆平均寿命为 10 年的新卡车。公司可以通过折旧再投资，为每年购买的一辆新卡车提供资金。因此，它可以在 10 年内将卡车保有量提高一倍。但随着企业进入第二个发展阶段，需要 20 辆卡车折旧的一半用来替换原来的 10 辆卡车。同样的问题也出现在通过开新店来实现增长的零售连锁企业中。比如，第一批商店突然间看起来过时了，需要翻新。如果不迅速适应发展趋势，公司就会陷入困境。

**稳定状态阶段的投资战略**　在企业稳定发展阶段，企业管理的重点从融资转向了资本投资。通常情况下，人们将当前折旧额当作正常投资额的基准。若要计算更精确的数额，需要使用固定资产的购置价值与相应的产出数据（通常是销售额）。然后，以固定资产购置价值的百分比计算投资标准或最低投资额。因此，即使是已完全折旧的设备，不再产生年度折旧费用，也将获得公平的投资额。

在稳定发展阶段，折旧是更新现有资产的基础。这一做法的假定是，折旧包含在商品和服务的价格中，否则公司一定会陷入困境。但对企业而言，仅用折旧进行再投资还是不够的，还需要算上设备价格的通货膨胀率，以及制造自动化产生的替代效应。即使是在德国这样一个稳定的经济体中，最低平均再投资额也为折旧的110%—120%。

**可持续增长阶段的投资战略**　当公司以稳定、可观的速度增长时，就需要较高的资本投资率了。针对更高的增长率，经验告诉我们，每增长10%，需要再增加100%的折旧。举例说明：对于20%的增长率，我们需要的资本支出为110%的折旧，用于更新现有产能，再加上200%的折旧额用于扩建，总计超过年度折旧的三倍。只有三分之一的财务需求可以通过折旧来弥补。另外三分之一的资金需求来自留存收益。剩下的三分之一可能是贷款。

**暂时衰退阶段及长期衰退阶段的投资策略**　最后一点，有些行业会停滞不前，甚至衰退——即使在全球范围内也是如此。当一个行业的生产力增长率（如3%）高于需求的实际增长率（如2%）时，我们就可以说该行业陷入了停滞。随之，每过10年，该行业内十分之一的企业就会倒闭。如果一项新技术取代了现有技术，那么一个行业也会出现停滞，汽车行业的转型就一次又一次地验证了这点。在这些不断萎缩的行业中，仍然会有商业活动，甚至还有少部分非常有利可图的业务，而对于资本投资战略来说，在萎缩的行业，人们无力购买昂贵的新厂房和设备。拥有老旧的、已经大幅折旧的生产资料是个真正的优势。

综上，实施资本投资战略是有原因的。战略必须符合总体发展的需要。战略实施过程中关键的转折点之一是，从最初的高增长转向可持续的适度增长。如果这种转变与宏观经济衰退同时发生，那么对公司管理层来说，形势将变得非常严峻。在理想的情况下，人们会提前为这样的变化做好准备。

市场营销、生产、采购、人力资源等各种功能性战略都是企业的执行战略（implementation strategies）。如果不探讨企业基本战略及其先决条件，以及企业战略实施中的优先事项，就无法制定这些战略。在各种功能性战略中，市场营销战略无疑具有特殊的地位。而各种功能性战略与企业采用的商业模式及盈利能力有明显的联系。

然而，我们不愿意将这些功能性战略提升到与基本战略相当的水平，企业基本战略的良好状态对于企业的生存是必不可少的。通常，在企业发展的某些阶段中，企业可能会有一两个功能性战略处于落后状态，但不影响企业的生存和发展。

**结论** 提出实现盈利的各种途径有两个目的：第一，突出德国工业企业的首选路径，即以质量为基础、以员工为中心的发展思路。第二，注重提高生产率，低劳动力成本的暂时优势是不可持续的，且仅有规模经济是不够的。企业家需要一种思维模式，即在哪个方面及如何进行持续的绩效改进。然后他必须勤勉工作，规划有前途的发展路径，并随着时间的推移积累经验。

我们在本章中提到，企业发展的重点并不在于一味地提高盈利能力——保持任何水平的业绩都需要持续的努力。重点在于，为了在市场上保持一定的竞争优势，企业需要永不停歇地奔跑。

# 第四章
# 长期主义的组织特性

## 第一节 企业的自然属性与社会属性

### 一、企业寿命和企业家寿命

企业是"承载"业务的机构。当然,如果不从企业自身出发,就无从谈论企业的可持续发展。事实上,企业是人类社会进化过程中一项的巨大组织创新,企业这种组织的设立是为了实现复杂的商业交易目的,因为随着企业的出现,商业交易不必再受个人寿命的限制,企业的组织形式让它的活动范围超越了个人的寿命和能力。有学者探讨了企业这种组织的出现对于中世纪后经济增长和国家繁荣产生的巨大影响[1]。

显然企业的存续时间会超越个人寿命,而家族企业的独特之处在于,它将一个人或一群人的寿命,与企业的存续时间结合在了一起。凭借家族的影响,企业得以长寿。而从长寿的家族企业角度来看,企业又是一种证明其可持续性的必要组织。

为什么企业的家族所有制更有利于实现可持续发展?

---

[1] LANDES D S, MOKYR J, BAUMOL W J, 2015. The invention of enterprise: entrepreneurship from ancient mesopotamia to modern times [J]. Work, Employment and Society, 29 (1): 177-182.

## 第四章　长期主义的组织特性

我们知道，家族企业的特点在于，它将家族的延续与企业的存续结合在了一起，从而确保了企业的存续时间超越个人的寿命。因此换个角度来看，企业又是证明其可持续性的必要组织。而企业的发展和延续一定需要可持续发展的业务。当然，一家失败的企业也可能会拥有一些可持续发展的业务。企业作为一个自负盈亏的法人单位，判断其存续时间时，就是通过会计核算和审计确认企业的可持续性，当然这种会计核算和审计包括但又不限于对其业务的可持续性检查。因此，企业存续唯一必要的前提条件就是，企业需要有充足的资金，而且要能够保证较长时期内的资金流动性。我们知道，资金链的断裂往往意味着企业生命的终结。

因此，企业存续的前提条件是企业有一定的盈利能力，同时还需要确保以盈利能力为基础的财务稳定性。毋庸置疑，这种财务稳定性是所有企业都需要的。但企业是长期主义导向还是短期主义导向，取决于企业形态，这是由企业的所有者选择和构建的。为什么企业的家族制所有能够确保企业的长寿，这是因为企业背后的长期主义战略导向。

德国的隐形冠军大多是家族企业，原因不难理解。家族企业是企业经典的组织形式，即由个人或家族完全持有的公司，一个典型的家族企业主会"忠于"自己的企业。企业有时候只有一两个业务部门，企业会坚持发展这些业务，而不是将其替换为其他看似更有前途的业务。我们知道，发展企业的最好方法就是创新，且企业主会投入时间和资本来实现这一目标。具有这种组织形式的家族企业一般具有以下特点：

**对非财务目标拥有自主权** 家族企业最重要的优势是其独立性。对于家族企业主而言,他追求的首要目标并不是盈利,而是创新、公司声誉、客户忠诚度等,这些非财务目标是必不可少的。

**立足长远** 从长计议需要两个基础:首先是家族对公司事务的长期参与,与职业经理人不同的是,他们这种长期参与的心态并不会因退休日期到来而结束;其次是将企业传续给下一代的意愿。立足长远的发展思路允许家族企业接受更高的风险,因为从长远来看,增长潜力可以抵偿这些风险。

**全力投入** 对家族企业主来说,对成功矢志不渝的追求和面对困难时的不屈不挠,并不仅仅是增加财富的一种手段,还是为了证明自己的道路是正确的。这也是业主会全身心投入最重要的项目的原因所在。这种全身心投入可以弥补其能力上的不足。不过,对于这种投入,往往还得益于他们在自然科学或工程学方面的专业素养,这对于高度专业化的细分市场开发尤有裨益。

**对行业忠诚** 个人努力和企业发展之间的长期联系,使企业必须对行业有一定的忠诚度。对于企业主而言,其从事的是一个"成长型"的业务,而不仅仅是一种投资。企业主很清楚,建立一个新的业务部门需要多长时间。因此,他不愿将其调换为其他替代业务。

**偏好有机生长——自身成长** 上述一些因素为家族企业的有机发展提供了支持,家族企业更倾向于企业的内在成长,而不是通过并购发展企业。相对而言,一家上市公司的首席执行官任期一般为6—10年,并购项目更有希望带来快速增长。

一个显而易见的结论是,家族企业在德国的产业结构中发挥着重要作用。除了汽车和化工行业的大型集团外,这些中等规模的企业大多为家族所有,也是德国工业处于全球领先地位的第三大支柱。

## 二、所有者(股东)群体对企业战略的影响

**企业所有者对企业战略的影响**　拥有企业所有权意味着:首先是可能获得所有权带来的收益,其次是对管理企业的职业经理人可以发号施令或施加影响。在这里,我们暂且不讨论收益的问题,因为投资收益也可以从其他方式的投资组合中获取。我们讨论的关键点是家族对企业潜在的影响。一般而言,从企业长久发展的角度,企业所有者可以对企业施加的影响包括三个方面:

- 追求可持续发展目标的意愿;
- 培养可持续发展的能力;
- 有意识地制定防范危害的策略。

在更详细地讨论上面这些问题之前,我们先来讨论这些影响的前提条件,包括以下两方面内容:

- 保持企业所有者群体的凝聚力;
- 保持家族在战略问题上的独立性。

在弗里德里希·冯·梅茨勒看来,只有保持独立性,才能以自己认为正确的方式管理企业。他说:"为了给我们的银行客

户提供有利于他们自身利益的建议,我们决定,不为他们提供任何违规产品和服务。只有保持独立,我们才能将长期的客户关系(而不是公司的短期业绩)置于首位。"事实表明,这样的考量和实践最终也转化成了企业非常出色的业绩。

福斯油品集团(Fuchs Petrolub)是润滑油行业典型的德国家族企业。1931年,22岁的鲁道夫·福斯(Rudolf Fuchs)创办了自己的润滑油公司,他把公司发展成了一家初具规模的中型公司。1959年,鲁道夫·福斯英年早逝,公司一直由他妻子和两名经理人管理。1963年,鲁道夫的儿子曼弗雷德·福斯(Manfred Fuchs)毕业后加入了公司。在管理公司41年后,曼弗雷德·福斯于2004年退任公司监事会副主席,把公司交给了其儿子和女儿。作为家族的第二代,曼弗雷德·福斯把他继承的小公司发展成了一家全球性集团。其儿子斯蒂芬·福斯(Stephen Fuchs)说:"我父亲在任职期间,把我们家的一群合作伙伴团结在一起。也有一些时候,家族不得不通过多次融资来支持企业的扩张。高度的信任和团结,可以确保家族股东不仅会同舟共济,有时还愿意接受外部融资。"

作为上市公司,福斯油品集团也同样保持了家族企业的独立性。福斯家族持有上市公司多数有表决权的股份,占股55%,相当于市值的27.5%。斯蒂芬·福斯说:"作为一个锚定股东(anchor shareholder),维护公司的独立性是我们的主要任务。独立性是我们商业模式的一部分。我们充分融合了家族企业的独立性和上市公司的公司治理机制。"

**所有者(股东)群体的可持续性** 对于企业而言,为了在股东群体之间建立强大的纽带，必须注重凝聚力的培养。这种凝聚力可能会受到不同利益、甚至冲突的挑战，也可能会随着时间的推移而减弱。为了维护家族成员的共同目标和需求，需要建立家族和企业之间的纽带，我们将专注于家族与企业之间的联系，并称为"家族治理"或"家族企业治理"。而为了保证家族企业所有者群体的凝聚力，家族成员需要遵守以下规则：

第一，也是最重要的一点，培育凝聚力相关要素。

第二，与前一条相对的是，要避免出现分散凝聚力的因素；若出现，应当予以制止。

第三，对增加股东人数扩大持谨慎态度，因为其他新股东很可能拥有不同的目标。

为了保持企业独立性，拥有三百多年历史的梅茨勒银行有一套不成文的规定，即公司股权只能由家族成员持有。股权在家族内部转让有更具体的规则：股份要由积极参与银行工作的家族成员持有。那些不想参与梅茨勒银行运营和管理的家族成员，要把自己的股份卖给在银行中承担职责的家族成员。在三百多年的时间里，每笔股权交易都顺利完成，每个人都认为这是公平合理的解决方案。

有学者用一个令人信服的理论描述了凝聚力因素，并提供了丰富的示例（见表4.1）。在过去的十年中，社会情感财富理论（theory of socioemotional wealth）和情感价值理论（theory of emotional value）提供了大量的经验证据，对凝聚力进行了全面的总结（见表4.2及表4.3）。

表 4.1 影响家族凝聚力的因素[①]

| 凝聚力维度 | 增强凝聚力的因素 |
|---|---|
| 家族情感凝聚力 | 家族成员定期会议<br>家族或企业里程碑成果的庆祝仪式<br>豪华舒适、充满趣味或异国情调的家庭会议氛围<br>良好的子女教养及家庭关系<br>人格魅力<br>共享美好时光<br>家族成员的生日日历<br>家族史的书面或影响记录<br>照片、录像、图文相册等<br>家族姓氏<br>慈善事业 |
| 家族财务凝聚力 | 家族共有的金钱和其他物质的东西<br>家族成员教育经费<br>家族信托基金或其他支出账户<br>高级的生活方式<br>家族内部贷款机制<br>家族遗产<br>分配家族资源的明确规则（比如家族成员接受教育政策或家族成员创业政策） |
| 企业财务凝聚力 | 分红<br>超过市场平均水平的工资待遇和津贴<br>投资和商业机会<br>联营合同<br>股东协议 |

---

[①] PIEPER T M, 2007. Mechanisms to assure long-term family business survival: a study of the dynamics of cohesion in multigenerational family business families [M]. Frankfurt: Peter-Lang GmbH.

(续表)

| 凝聚力维度 | 增强凝聚力的因素 |
| --- | --- |
| 企业情感凝聚力 | 保持公司和家族之间的时事通讯和其他定期交流<br>向家族成员发布公司新闻<br>设立专门机构作为家族和企业之间的信息中介者<br>举行关于企业的家庭聚会<br>举办公司特殊纪念日的庆祝活动<br>组织对下一代的培训和相关家族成员在家族企业的实习<br>组织家族成员进行企业参观<br>用家族背书优质产品<br>使用带有家族标识的公司名称及符号<br>发展慈善事业<br>承担企业社会责任<br>设立家族企业档案馆、博物馆（企业和其他）、纪念碑、肖像、塑像，拍摄纪录片<br>梳理家族企业的文化遗产 |

**表 4.2　社会情感财富要素**[1]

· 家族控制力和影响力
· 家族成员在公司中的身份
· 社会关系纽带
· 家族成员的情感依恋
· 家族与企业之间纽带的代际更新

---

[1] BERRONE P, CRUZ C, GOMEZ-MEJIA L R, 2012. Socioemotional wealth in family firms: theoretical dimensions, assessment approaches, and agenda for future research [J]. Family Business Review, 25 (3): 258-279.

**表 4.3　导致家族成员分裂的因素**

| 分裂倾向维度 | 激发分裂的因素 |
| --- | --- |
| 家族情感 | 家族认同感的缺乏<br>个人竞争<br>不同的生活方式<br>不同的价值观<br>不平等的亲情 |
| 家族财务 | 继承分配关系的不平等<br>其他个人利益（如投资，慈善事业）<br>对成长需求的不同看法 |
| 企业财务 | 利润分配不充分<br>对可持续发展战略的担忧<br>对增长需求的不同看法 |
| 企业情感 | 员工参与性不足<br>少数人权利不足<br>过于严苛的合同关系<br>对社会情感财富的破坏 |
| 股东之间的冲突 | 持股比例相差悬殊<br>不公平的退出条件 |
| 委托人与代理人的冲突 | 对代理人资格的怀疑<br>对家族企业理念忠诚度的怀疑 |

这里我们所说的分裂因素是指在股东之间、股东与企业之间的那些可能促使股东退出所有者群体或出售整个企业的因素。根据区分凝聚力因素来源的方法，我们梳理出以下导致家族成员出现分裂的因素：

## 第四章 长期主义的组织特性

- 家族情感
- 家族财务
- 企业财务
- 企业情感

此外,我们还添加了以下引起利益冲突的维度:

- 股东之间的冲突
- 委托人与代理人的冲突

通过以上这些方式,并分门别类地梳理导致分裂原因,有助于遏制负面因素、培育家族凝聚力。

此外,为了防止家族成员分裂,还可以借助一些法律方法,比如制定相应的公司章程,使股东不会轻易退出公司。当然,也会存在另外一种情况,股东群体中有不愿意全身心投入参与公司的股东,这就导致早晚会有人选择退出,而在这一过程中,法制性的退出障碍将有助于维护家族企业的利益。

**维护企业独立性的重要性**　在家族企业的发展过程中,我们观察到,将非家族股东引入家族股东群体中的做法往往是弊大于利的,表现在以下几个方面:

- 降低了家族凝聚力,因为现有家族股东都可以将其股份出售给这些非家族股东。
- 将新股东的其他利益与家族股东的利益结合起来比较困难。
- 这种做法需要一种更复杂的差异化治理结构,而这会降低家族在战略制定过程中的影响力。

具体而言，难度在于大型公共企业与小型家族企业在合资过程中的整合。在合资企业中，双方会意识到，它们的利益并不一致。这也导致企业的决策过程异常复杂，无法产生预期的协同效应。如果新合伙人是一家私募股权基金，问题则会更严重。这些基金必然非常重视自身利益，且更趋向于最大化自身利益。因此，从这个角度看，如果家族企业成功上市，并且家族试图保留多数股权时，保持独立性似乎更容易。

有人提出家族企业可以把股份转让给基金会。这样一来，家族企业对战略的影响力会转移到基金会，而50年后的基金会属于"谁"？如果基金会需要获得大量利润，或者基金会对获取利益的重视程度高于规避风险，又会怎样呢？不管怎样，德国企业的经验表明，很多家族企业的寿命比基金会更长。

## 三、长期任职的优势

事实上，长期主义导向并不是家族股东的专属，而是一种自然的逻辑。每个人可能都有一个梦想，那就是他/她可以参与一项超越自己生命周期的事业中去。实现这个目标的方法有很多：生育子女，帮助他人学习，创造具有持久意义的东西……而创立和培育一家企业是明智的选择之一。如果这是一个成功的企业，这就意味着该企业的存续时间要超过创立者的寿命，创立者在生命周期内无法完成更大价值的创造，那么考虑为下一代创造一些东西就是自然而然的事情了，同时，这也是功德无量的事情。

事实上，这种长期主义导向在家族企业所有者身上得到了体现，其中家族企业所有者的长期任职是最好的例证。在家族企业中担任管理职位的股东可以终身任职，当然他或许也会在企业的治理机构中担任其他职务。事实上，他可以用几十年的时间来思考企业的相关问题，而这也是他必须在这样的时间跨度内思考的，因为他的思考和选择将对未来产生长期影响。这一点与有任职期限的上市公司首席执行官是不同的。

家族股东在自己的家族企业长期任职也回应了另一个问题。长期以来，有人认为企业应该上市。他们不认可家族企业发展前景的原因之一，就是家族高管的选任问题。一位家庭成员是否有职业经理人相似的专业能力，这常常是令人质疑的。这是因为在人们的普遍认知中，职业经理人是在其职业生涯中一次又一次筛选中成长起来的。从理论上说，面对各类应聘高管的简历，人们总能在几十个候选人中找到一个更好的人选。对于希望聘用职业经理人的企业而言，找到合适的人选并不是难事。但对于家族企业而言，问题在于：家族怎样培养起对这个可能管理家族全部财富的人的信任？这位优秀的职业经理人是否会接受来自家族的战略指示？最实际的问题是，这位职业经理人是将自己的终身职业生涯与这个家族企业联系在一起，还是不久就会跳槽到另一家更大或更有吸引力的公司？

拥有企业所有权的家族不会选择一名不合格的家族成员担任管理职位，这也是理所当然的。因为这么做既不利于家族的利益，也无法将候选人自身的利益最大化。因此，对于家族而言，最切实际的选择是：选择一个基本素质合格、积极性高的家族候选人，而不是一个高素质的外部职业经理人。在权衡这一选择时,候选人长期任职的意愿至关重要。

对于家族候选人来说,这意味着他要在家族企业中度过一生的职业生涯,而要做到这一点是很有难度的。事实上,对于一个长期服务于家族企业的家族成员来说,比如在任职20年之后,这位家族的候选人在家族企业的业务经验,要比那些时不时从一家公司跳槽到另一家公司的外部高管丰富得多。家族内部的候选人也会为企业的发展做更多的事情,这是因为他有来自家族的信任,而且有了长远的自我定位。同时,他也会尽量避免那些危及企业生存的重大交易,因为这可能导致他自己的财产面临风险。这一点与职业经理人不同,因为对于后者,如果这笔巨大的交易成功了,他会获利;但如果失败了,损失的并不是他的财产。

威腾斯坦集团(Wittenstein AG)是个典型的德国"隐形冠军",在德国机电技术行业中目前居于领先地位,其产品应用于从机械工具到飞行器的诸多领域。曼弗雷德·威腾斯坦(Manfred Wittenstein)博士四十多年前从父母手中接过了企业管理权,他将这家公司从当时的小工厂发展到了目前的规模,并担任公司的大股东和总经理。十多年前,当他年近60岁的时候,他就开始准备职权的转移工作。他有4个子女,长女当时30岁出头。经过反复斟酌和多轮与公司高管团队的商讨,威腾斯坦博士为职权转移设计了一个"两阶段交接过程"。

作为梅茨勒银行的主管合伙人,梅茨勒家族第十一代成员弗里德里希·冯·梅茨勒于1969年加入了银行,在掌管银行近40年后,他将主管合伙人(managing partner)这一职位转让给了继任,并在之后的 10 年时间里,帮助继任适应角色。他在 60 岁的时候,开始了一个让自己逐渐退居幕后、将银行运营的直接责任托付给其他有能力的人的过程,这一过程持续了 7 年。弗里德里希·冯·梅茨勒说:"我一直很清楚,自己必须尽早确定继任,并完成工作交接。如果我们想延续企业的传统,尽早考虑这一问题就是至关重要的。"

## 第二节　威胁企业生存的风险

### 一、可能威胁企业生存的三大危险

在上文中,我们了解到家族成员的长期任职有利于企业的可持续发展。但事实上,对企业施加影响并不是家族企业特有的做法,只有如何影响——基于这一影响力杠杆的战略视角和管理视角,才是家族企业特有的。比如,我们强调高管长期任职是家族企业的一种优势,以及规避威胁企业生存的风险也是其优先事项。

然而,家族企业的可持续发展,需要满足普通企业可持续发展的所有先决条件。此外,确保家族所有权及其有效影响力的先决条件也必须得到满足。因此,我们认为:管理家族企业比管理其他普通企业需要额外的、更强的能力。可以说,家族企业管理是普通企业管理的进阶。

从逻辑上看,对于企业来说,有成功因素,就有失败的因素。失败的因素不利于企业的长寿,因为没有标准术语,我们称之为破坏性因素。可以说,破坏性因素对企业的影响越大、破坏程度越高，企业就越难成功，除非破坏性因素可以通过成功因素来补偿。太严重、难以得到补偿的破坏性因素迟早会导致企业的垮台。因此，企业长寿的一个先决条件是避免各种威胁企业生存的风险。

确保可持续发展的首要任务就是避免重大错误。在有关企业破产倒闭原因的统计数据中，我们发现：导致企业破产倒闭的主要原因是"管理失败"或"缺乏流动性"。当然，这样的统计数据因为过于笼统，并没有实际的指导意义。那么，导致这些严重后果的根本原因是什么呢？

总的来说，危害公司的负面事件包括三类：经营状况恶化、重大决策错误，以及意外事故。这些事情几乎是我们无法控制的。让我们通过示例来说明每一种负面事件的具体特性。

**经营状况持续恶化**　经营状况持续恶化的情况往往不是显而易见的，且不会在短期内显现出来。我们先来看看下面两个例子。

有这样一家区域性啤酒厂，表面上看上去没有什么问题。当然，它每年都必须为利润而奋斗，有的年份好些，有的年份差些。这很容易理解：天气有时对企业有利，有时不利。有些年份产销量增长几个百分点，有些年份则出现增长停滞，甚至负增长。企业没有流动性问题，也不需要那么多投资。此外，企业还可以出售其拥有的一些闲置房地产。但是，企业损益表上突然出现了亏损。它请来了一家咨询公司。咨询团队表示，为了使啤酒厂设备达到更高的生产力水平，需要进行大量的投资，这确实会增加产能，但并不能刺激市场需求，因为到现在为止，它的市场份额正在持续萎缩。它很幸运，最终能够把公司卖给一个实力更强大的竞争对手。最终，它关闭了原来的工厂，转而在现代化的总厂为市场提供服务。

另一家从事 B2B 业务的公司，其工程产品曾一度垄断市场。但后来，它开始面临日益激烈的竞争。于是它向客户提供高折扣，企图获得竞争优势。最初，这些高折扣的交易量很少，但后来越来越多。直到最后，总体价格水平已经无法覆盖成本，公司开始了严格的成本削减计划。但此举没有能帮公司渡过此次危机，该公司最终不得不退出原来的业务。

如何尽早发现市场恶化的信号？如何及时采取对策？我们具体应该做些什么，来防范这类经营状况恶化的苗头和趋势出现呢？上面这两个案例告诉我们，企业应当尽早发现问题，并认识到其严重性。我们可以把这些经营状况恶化和出现亏损趋势的情况类比为火灾。企业只有尽早发现，才有可能把火扑灭。火灾最初只有星星点点的火苗，随着时间的流逝，火的破坏力会不断增强，直到火情无法控制。下面列举了一些了解企业市场情势的实用方法。

- 将目前企业所有的业务数据与五年前的数据进行比较。不要用连续五年的数据进行比较，而是只跟五年前的数据进行比较，着重关注人均销售额、销售利润率和其他相关数据，并检查分析是否存在增长停滞，或是实现了真正的增长。

- 选择一家榜样公司作为管理杠杆。这家公司与你的企业不一定属于同一产品类型或市场类型，只要属于类似行业（比如同为 B2B 企业）就足够了。将你公司的数据趋势与榜样公司多年来的数据趋势进行比较。

- 将业务的获利能力分类，找到亏损的业务。将企业所有业务按获利能力分为四组，并按从高到低排列，即从最高获利能力的业务到较低获利能力的业务。以全部成本计算盈亏，而不是只计算边际利润。检查亏损业务的销售数据有无好转，进而努力减少亏损部分的份额。这样做的目的是，对于整体盈利能力好和整体盈利能力差的公司，需要关注两者在销售数据上的差异，而不是两者的成本水平差异。

如果能够及早发现经营恶化的趋势，并及时采取果断的对应措施，经营恶化的问题是可以找到应对方式的。当然，要解决经营状况恶化的问题，需要的不仅仅是管理方面的变革，还需要通过创新来改进产品，需要企业拥有高度积极性的员工来与客户建立良好的关系，需要有纪律和制度。

**重大决策错误**　第二类威胁公司生存的风险是重大决策错误，这类威胁更为危险，可以说没有试错的余地，一个重大错误可能导致致命的结果。比如，有些合同可能意味着无限的义务，再比如，与组织的能力相比，有些销售项目过大。设想这样一种情况：有人向你提供了一个交付产品的机会，让你在一年或更长的时间内，以一定的边际价格交付产品，但你真的无法确定你的企业是否能达到所有技术要求。或者还可以设想一下这样的场景：你收购一家几乎和你的公司一样大的公司。一般来说，当一个人第一次在一个没有任何经验的领域行动时，他要承担的往往是无限的义务。进入一个新市场就是一种没有先前经验的行为，带着一种新产品进入一个新市场，风险则会成倍增加。在这种情况下，人们往往缺乏对风险进行现实评估的能力。

矛盾的是，那些非常成功的企业家更有可能低估风险。这是因为成功会使企业家过度自信，相信自己可以无所不能。企业家低估危险时，经常用惯性和标准方式去评估危险，即将风险定义为损失金额与发生概率的乘积。但在战略中，单一行动无法用概率进行评估。

人并不会故意犯错误，但是为了减少犯重大错误的可能性，人们需要采取预防措施。第一，进行风险评估。为实现这一目标，就必须预估"最坏的情况"，即可能造成的最大损害。第二，当人们在未知领域行动时，可以提高工作的勤奋程度，逐步接近目标。如果一个人没有经验，就不要匆忙行事。团队合作是提高专业技能和勤奋程度的手段之一。

**意外事故**　第三类威胁是意外的、突发的事故，它由外部因素引起，并具有破坏性。如果火灾摧毁了主要的生产基地，如果你的主要客户破产了，如果一项新的法规对你的业务下了禁令，如果一项新技术的出现使你的产品过时了……这些都是你无法控制的事件。保险可以补偿部分损失，而更有效的方法是分析风险，找到相应的应对措施，并了解哪些环节需要谨慎处理。

关注战略思维的作者卡内曼（Kahnemann）提出了一种更好地应对各种危险的策略：他将这种练习称为"事前验尸分析"

(pre-mortem-analysis)①。列出你能想到的所有可能危及公司生存的事件，然后找出哪些防护措施是可行的。这并不是为了让你焦虑，恰恰相反，意识到容易忽视的重大风险，会让你自如地化解创业过程中的其他风险。这个练习甚至会鼓励你承担一些小损失，因为这是企业家的"艺术"和"使命"。

**合规是公司发展的必备条件**　在世界各地，故意违反法律几乎都会招致风险。可以说，违法经营被发现的概率几乎是100%，而这种后果是无法估量的。在美国的某些司法管辖区，惩罚性赔偿会带来无法估量的财务风险。在许多情况下，违反法律规定还会导致客户要承担一部分赔偿损失。此外，除了需要支付罚款，还会损害企业声誉，而后者对公司发展的负面影响要大得多。

总而言之，合规是公司成功发展的必备条件。鉴于这种相关性，接下来的问题就是在企业治理中，可以采取哪些措施来杜绝违反法规的行为。有人说，可以让监事会来审批监督，这是行不通的。事实上，管理层自身也应对非法或可疑行为严加把控。尽管如此，企业治理系统中仍然可以采用以下工具和方法，来制定有效的合规性策略：

- 制定明确的零容忍政策，并公之于众。
- 启用最先进的风险报告系统。
- 启动报告机制，通过相关部门负责人定期口头报告，来验证内部控制和审计的有效性。

---

① KAHNEMAN D, 2013. Thinking, fast and slow [M]. New York: Farrar, Straus and Giroux.

在德国，合规管理制度要求企业中必须有一名中立的监察专员。通常，这一职位由律师担任，他必须严格保密，其职位独立于层级结构之外，以独立专业人员的身份工作。如果员工对某项重要战略有些担忧，或者个人参与了有法律风险的行动，都可以与这位监察专员联系沟通。监察专员可以在不披露信息来源的情况下，与公司管理层联系，并跟进问题的解决进度。

比如一家拥有优秀产品的公司不应该为了销售其产品而行贿。合规性政策可以起到威慑作用，从而降低风险。无论如何，管理层可能犯下的最大错误，就是认为自己的公司能凌驾于法律之上，不受此类不当行为的影响。

当然，这类预防措施可能导致一定的官僚主义，但它们不应被解读为信任缺失。要避免负面效应，就需要为确立公司的价值观——实际上也是家族的价值观，以及为维持公司良好声誉进行恰当的沟通。企业生存的关键不是最大化成功因素，而是要避免失败。超出正常业务范围的运作会导致原本正常经营的企业垮台。对危险保持敏感是企业所有者和管理层的首要责任之一。

## 二、企业在宏观经济中的生存能力

**生存环境：机遇、威胁与不可抗力**　可以说，政治、经济、社会和技术环境（politics, economy, society, technology, PEST）是企业发展的外部框架。此外，像洪水、飓风或流行病等天灾，以及自然环境的剧变、人为的不可抗力因素如暴乱和恐怖分子袭击等，都会对企业的发展构成严重威胁。

历史事实证明，家族企业在各种形式的危机中生存下来的概率比其他企业要高。一些家族企业甚至历经国有化或战争后仍然能生存下来。值得一提的是，在40年前，就有不少德国企业家考虑到潜在的战乱因素，而到巴西或加拿大投资。

**企业可持续发展的阻碍**　当然，企业可持续发展不仅仅需要健全的法律制度，还需要一些制度安排。其中税收制度是最重要的方面，该制度关乎企业向下一代的传递。适度的继承税是必要的，继承法中的其他规定也很重要。在20世纪，极高的遗产税让英国和法国的家族企业数量锐减。税收制度和相关法律都必须允许公司保留部分收益，因为只有保留利润，企业才不用在金融市场筹集资金。

保留利润是在金融市场筹集资金的替代方法。这就引出了家族企业可持续发展的另一个要求。完全由私人拥有的公司无法进入股票市场，因为它们的股份均由家族内部持有。毫无疑问，德国经济的优势之一，就是地区性储蓄银行和合作银行能够为私营中型企业提供贷款。总而言之，企业的长寿还需要社会、经济和政策环境的有利条件。

**德国家族企业的社会环境**

● 德国不是第一个工业化的国家，但发展工业较早。这与德国在物理、化学和工程等新兴领域的蓬勃发展相吻合。

● 德国一直有一套完备的法律制度来保护个人所有权。尊重个人所有权也意味着所得税和遗产税在人们可以接受的范围内，一个反面的例子是，英国和法国在十九世纪六七十年代实施的税收制度导致大量家族企业消失。

- 德国并非只有一个大都市中心，其政府部门和商业活动中心遍布全国各地。
- 企业家在德国社会中是受人尊敬的角色。因为企业家这一角色不仅与技术有关，还能在偏远地区提供就业机会。在这些遍布各地的商业活动集群中，即使小企业也被人们视为当地重要的"邻居"。因此，在德国，对于家族企业的所有者而言，发展自己的企业既能获得经济回报，也能提高社会声誉。
- 德国企业通常有一个团结的工会，工会也关注公司的持续发展。工会会保证工人工资的持续增长，但主要是通过提高生产力来实现的，或是通过下调物价来补偿工资的上涨。
- 传统上，德国企业的融资主要依赖银行贷款。强大的储蓄银行和合作银行是以为中小企业服务为重点的两个部门。

**结论**　在第三章中，我们描述了企业业务层面的可持续发展前提。任何公司都可以满足所有这些先决条件，因为促进企业发展的因素并不是家族企业特有的。但运用战略视角和管理视角是家族企业特有的。当然，这也同样适用于企业层面可持续性的大多数先决条件。其中，只有少数几个要素与企业的长期定位相符，比如我们强调高管长期任职是一种优势，以及避免威胁生存的风险是优先事项。

关于家族对企业长寿的影响，现代治理理论均有论述。在家族企业的研究和实践中，家族企业治理的理论已得到发展，该理论强调家族发展和企业发展的问题需要通过治理来解决。

**家族企业管理是企业管理的进阶**　然而，即使家族特定的要求只包括少数因素，也必须强调以下结论：家族企业的可持续发展，需要满足任何业务和企业可持续发展的先决条件。此外，确保所有权及其有效影响力的可持续性的先决条件也必须得到满足。因此，我们认为：管理家族企业比管理任何其他企业需要额外的、更强的能力。

# 第五章
# 长期主义的治理法则

## 第一节 治理模块和任务

### 一、治理与可持续性的相关性

我们谈到,在德国,家族企业的预期寿命比上市公司更长。对于所有类型的公司来说,企业可持续性的前提条件在业务层面上几乎相同,仅在企业层面上存在差异。在企业层面上,决定性的差异是资本和领导力。由于上市公司在金融市场融资等方面具有优势,因此,两种企业差异的关键点必然在于领导层。而家族企业的首席执行官可能并不具备管理天分,所以,把整个领导体系都考虑进去是明智之举。我们的经验表明:拥有多个所有者的家族企业的领导系统,可能比一个上市公司的领导系统更有效。当然,这一点并不总是成立的,家族企业的领导系统比上市公司的领导系统更有效还可能是由于以下原因:

- 股权激励让作为所有者的经理人天然拥有长期主义导向心态。

- 担任管理职位的企业所有者的长期任职具有重要意义，更长的任期能够提高他们的管理能力。
- 其他家族成员持股意味着 CEO 不能独立做出经营决策，而是要对其他股东的财富负责，定期向他们报告。
- 由于股东将几乎所有的财富都投资在家族企业中，所以，股东十分关心企业的发展。

综上所述，我们可以说，家族企业的治理是支持长期导向和企业可持续性的重要因素。

## 二、公司治理的任务和方式

描述公司治理本质的理论有很多。对我们来说，法国哲学家米歇尔·福柯（Michel Foucault）的描述最全面、最合理：治理就是引领组织的领导力[1]。企业的总裁、首席执行官、高层管理人员都需要向某个人或某个群体汇报，都需要受到监督。这就是公司治理的目的。

然而，在私人持股的家族企业中，权利可以分散给各个主体，主要体现在如下三点：

- 主要权利可能由担任最高管理职位的股东（CEO）掌控。
- 某些重要的权利——例如任命总经理或确定他们的薪酬——可能由股东大会保留。

---

[1] FOUCAULT M, 1979. Truth and power: an interview with Michel Foucault [J]. Critique of Anthropology, 4 (13): 131-137.

- 传统上,大股东有权对决策施加影响,这种影响可以是受到正式的,也可以是非正式的。

有关公司治理的文献试图对董事会进行分类,这是区分人们在现实中看到的各种概念的一种方法。不过我们更喜欢详细说明综合系统和公司治理的模块和元素。然后,通过选择这些模块的定义,来界定各种治理机构的功能和职权。理想情况下,选择这些元素的原则是,确保每个元素与其他元素是相互排斥的,所有元素合在一起,要能体现系统的全貌。为此,我们提出了以下分类方法:

(一) **以法律或股东协议为基础确定法定权利和义务**　以法律或股东协议为基础,通过法定程序确立权利和义务,能够使管理层或股东的行为合法化。这些法定程序包括对行为合法性和正当性进行的最后审核,绝不能被认为是形式主义的"橡皮图章"(rubber stamp)。

(二) **监管公司领导者及公司的运营发展状况**

- **监管是要求报告的权利**　监管包括接收报告、观察、询问、核实等各种活动。
- **监测经济形势、公司状况及其发展动态**　包括监测公司的威胁和机遇,从而判断公司面临的挑战。
- **监督公司进行合规性运营**　针对组织是否遵守法律和道德规范这一问题,这种监督不是检查管理层的每一次相关行动。监督合规性主要以设定标准为基础,例如制定对某些行为的"零容忍政策",同时审查组织内的既定程序。
- **监督绩效管理的执行情况,评估人与工作任务的匹配度**

● **监控构建汇报工作流程** 或许，监管最重要的作用在于，在那些汇报人之间建立沟通的渠道。我们的研究表明，在中等规模的公司中，高层管理团队的沟通方式往往是非常不正式的。这种非正式的方式有其优点，每个成员都能在一起讨论需要解决的问题。但这种方式也有一些缺陷，即过多地关注手头问题，对某些问题不坚持跟进，忽视长期问题，选择性忽视较棘手的问题。一旦高层管理团队必须向监管机构汇报，具有系统化特点的正式会议就可以提上议程了。

(三) **领导管理层** 领导管理层的基础是正式的、法定的权力。领导方式以以下一系列举措为基础：

● **直接指令** 当然，需要注意的是，在董事会和高层管理团队之间，下达直接指令具有非常严重的干预意图。在这种权力层面上，间接领导的干预是合适的。

● **批准或否决所提议的决策** 这些决策包括对非常费用、投资、应对风险增加的行动、涉及高管个人利益事项的核准权清单。

● **解决直接下属之间的分歧** 开展这些活动时，只能赋予各治理机构适当的权限。我们将在后文描述公司治理中的"其他"行为，如间接领导和咨询。这些活动不是以法定权利为基础，而是以相关人员的能力和合作意愿为基础。

我们已在前文中对基于法定权力的治理活动进行了分类，接下来我们讨论的是那些不在股东协议范围内的活动。最重要的一系列活动可以概括为"间接领导"。这些活动能为行动者提供方向，使其能够自行找到正确的行动路线。

## 三、间接领导的手段

**自主导向** 对既定目标的自主导向，是间接领导中的一个必备要素。然而，这种导向不是自然形成的。双方必须对目标达成一致，实现这些目标则需要自律，而自律的前提是员工具有端正的工作态度。其中，制定激励措施是提高人们的工作效率及目标一致性的重要基石。促进自主导向的其他因素包括：

- 法律规定的责任
- 同辈群体（如同事）的互相监督
- 为意义构建进行的表达
- 公众及社会对成就的认可
- 激励工具的使用

**形成合作观** 共享流程是最有效的治理手段之一，可以让每个个体融入任务小组。在德国，法律规定了大多数公司法人对公司运营的权力和责任。这就要求高层管理团队要共同决策。这种管理委员会被称为"同事群体"（a group of colleagues）。

这种合作基于"1+1>2"的原则，一个人往往看不到自己的盲点，而一个群体则能提供视角广泛的不同观点，并增加了观察到更多事实的可能性。同时，这些共同决策的流程形成了一种屏障，可以防止由于追逐个人利益而偏离此前设定的目标。双头原则（two-head principle）是任何内部控制制度最基本的原则之一。

**场景指导** 基于间接领导，下一个核心观念就是加强合作。如果合作能使双方深入思考，并且得出更具普适性的结论，那么这些结论就可以被定为准则，供将来在类似的决策过程中作为参考，如，融资规则和接受损失的风险限度。

尽管这些准则可能是相当具体和规范的，但它们也只设置了边界条件，行为者可在边界之内进行决策。

## 四、外部咨询

**基于能力的治理功能与基于权限的治理功能** 在人们对有关治理的研究中，通常会将功能完备的董事会与仅起咨询作用的董事会区分开来。需要强调的是，在理想的董事会中，大多数讨论可以被视为间接领导和咨询。对这些群体有价值的输入需要更高的专业技能和沟通技巧，而间接领导比直接指令需要更多的领导经验。

**外部咨询** 董事会最常见的干预形式是外部非执行董事对执行董事提供咨询。这意味着管理层会寻求建议，而其他人有机会提供建议。一位董事给出建议后，可能需要部署专业顾问，由他们来执行扩展咨询项目。在董事会讨论中，只强调问题、思考假设、构思选择。这种咨询不是寻找原因和解决问题的根本之道。

## 第二节　公司治理场景

### 一、创始人怎样治理自己的企业

提起治理，人们通常会联想到大组织和大机构。我们在这里提出的问题是：企业在创始阶段是否也需要治理？

有人会使用这样的论据：企业的活动范围太小了；作为拥有所有股权的创始人，不管怎样，他都拥有决策的自主权；治理可能会带来一些风险，董事会的功能流于形式，其任务不过是为 CEO 的提案放行。

我们认为，在企业创始阶段引入治理机制，是将企业成功传递给下一代的重要前提。

治理有着保障管理者领导力的功能。当代理论强调，在大型公共企业中，领导力是追求自身利益的职业经理人专属的，这个机制存在缺陷。很显然，当企业的所有者担任 CEO 时，就不存在这种机制缺陷。

对于企业而言，普遍存在"小企业劣势"（liability of smallness）和"新企业劣势"（liability of newness）。所谓"小企业劣势"是指，小企业会因为市场或财务状况恶化而遭受重击。而"新企业劣势"则是指，管理层在应对各种挑战方面还没有足够的经验。此外，即便是非常成功的企业所有者和管理者，也面临着一种非常特殊的风险，即他们过往的成功经历可能导致他们过度自信和狂妄自大。

家族企业的所有权归属可能会为企业的发展提供基础和方向，但它本身与实现目标之间并无直接关联。基于这些原因，第一代企业的经营失败率很高。到了第二代或第三代，企业的可持续性才会显著提高。

在大多数情况下，第一代还对如何减少风险和增加企业可持续性知之甚少，例如：公司必须具备坚实的财务储备，以及公司外部投资和企业经营活动需要多样化。因此，在企业经营风险很高的第一代中，部署治理工具对确保企业的可持续性尤为重要。

**创始人如何构建管理层团队**　良好的治理始于管理团队的构建。创始人一般都是商业人士，精通市场和运营。所以，他需要一位同伴负责内控、财务和一部分的行政职能。这个人应该具备与创始人互补的专业学识。这位同伴在分析业务的风险和机遇时，还应该起到制衡的作用。拥有一位具有自主判断能力、有勇气捍卫自己观点的同伴，符合企业所有者的最大利益。

这个高级管理团队应该向一个群体汇报。在企业发展的早期阶段，这个群体很可能并不是规模庞大的董事会。在这个阶段，我们要么只向一人汇报，要么向一个三人小组汇报。"汇报"可能并不是最好的表述，"分享见解"（shared reflection）意义或许更准确。在分享见解过程中，双方的角色就像"教练"与"监督人"。

"教练"是一位负责照顾客户的心理、身体和工作状态的人。教练可分为两种，有一种教练更多地面向客户的心理素质，还有一种专注于管理绩效的"管理教练"。毫无疑问，双方是一种互不冲突的关系。

另一个角色是"监督人"。在心理治疗师的实践中，"监督"是一项既定的专业服务。我们在很多情境中都能看到"监督人"这个角色。几乎每一个公司都设有一个能够查到其成员在特定情况下工作表现的机构。长期以来，公司都会自愿要求或被强制要求接受审计师的审查，因为企业所有者会从中得到有关账目表的建议。企业所有者应该要求审计事务所负责审计的人从"监督"的角度提出自己的观点。这是对例行审计工作的必然要求。拥有资质的审计人员可以对业务活动进行一系列重要的评估。

**如何避免董事会演变成"清谈俱乐部"(talking-shop)** 随着初创企业的壮大,这种单人的初始结构会发展成拥有几个职位的董事会。为了发挥董事会的优势,需要所有参与者之间紧密且互信的沟通,而小群体则为交流提供了有利条件。

为了发挥董事会的优势,由三位非执行董事组建的小组似乎是合适的。在单层董事会结构中,这个小组的成员也会包括CEO和CFO。这样的一个小群体可以构建一个紧密的沟通网络。

在这样的董事会中,谁担任主席职位呢?又是否真的需要一位主席?

这个问题的答案当然是"需要"。企业所有者本人大权在握,所以,董事会的存在很可能流于形式。董事会有演变成"清谈俱乐部"的危险,人们只是交换有趣的观点,但无法得出结论和决策,也没有行动计划。为了防止这种"脱轨",设立一个负责推动有效程序的主席职位就是必不可少的了。程序职责(process responsibility)是最关键的,即决策内容由整个团队负责。在单层结构中,负责管理工作的企业所有者常常也不愿意担任主席。因此,从治理的角度来看,将主席与CEO的职能分开更好,最好的选择是委任一位非执行董事担任主席职位。

这些设计标准可能会根据所涉及的具体人员不同而有所变

化。此外，设计标准还会随时间频繁调整。在第一代引入治理机制，是将企业成功传递给下一代的重要前提。

## 二、将"创造紧迫感"当作治理的任务

我们一直在强调治理所涵盖的范围，包括分析公司状况、监督企业经营绩效，以及就更可取的行动路线提出建议等。很显然，提出行动方案是全职管理团队的职责，高层管理人员负责分析与评估优势和风险相关因素。那么，治理委员会的外部成员能做什么贡献呢？如果董事会主席是外部人士，或者不再全职参与企业的运营，那么，这个问题就也跟他有关。

**谁来决定优先次序** 治理委员会外部成员的职能决定了他们不会有比高管更高的决策权，他们的工作是评估高层管理者提出的建议和方案，在这一过程中，他们充当独立的讨论伙伴这一角色。高层管理者是建议和方案的提出者，对他们而言，自己单独做决策自然很困难，而与受人尊敬且对自己的工作很有兴趣的另一个人讨论，则更容易，也更有收获。通常，这些外部人士可以利用他们在其他企业获取的外部经验，他们一般有自己的业务网络，这可能会给这些方案的执行带来帮助。最重要的或许在于，董事会外部成员通常都是经验丰富的高层管理者。与工作年限较短的年轻人相比，他们在更长时间的工作中，经历过更多的成功或失败，积累了应对更多挑战的经验。

高层管理者获得的这类丰富经验，使他在设定优先次序时更有优势。下面，我们来详述在行动计划中确定优先次序的重要性。管理工作面临的挑战通常是众所周知的：技术在进步，

竞争在加剧，客户的要求在不断提高，成本也在增加等。此外，战略管理又要求我们分析情况、确定备选方案、根据目标设定方向、执行、控制，以及总结经验教训等。当然，在执行阶段，都有诸多可以借用的工具。但是如果要了解所有重大挑战，或检视工具的数百项建议，就会让人不堪重负，这种繁琐和超负荷的工作不仅不能让员工迅速执行战略，反而会拖延进度。

在我参加的一些未来战略介绍会上，我不止一次看到，高管们会罗列出24个行动方案，通常还有一个周密的投资计划，用来扩大新战略承诺的收益。而以我们的经验来看，传统的方法是先实现小目标，再考虑更宏大的计划。举一个我了解的例子来说，有一个零售连锁店准备开设10个新网点，随后，董事会要求同时对现有零售网点的微利状态进行优化。结果表明，与靠新网点增加市场覆盖率相比，优化现有网点对扩大市场份额和提高盈利能力的作用更明显。当然，在这个案例中网点扩张也是合理的，但翻新既有网点显然更应该被优先考虑。

**创造紧迫感**　我们努力工作，但是我们要处理太多事情。当我们同时处理很多事情的时候，那些重点项目的重要性，常常被其他诸多事情所遮盖，导致那些真正具有决定性作用的事情被耽搁了。而它们之所以被耽搁，是因为我们往往很难确定什么是真正重要的工作，我们往往希望通过在这些工作上投入更长的时间来找到答案。可以说，这么做并没有错。但治理可以成为一种应急措施，至少可以遏制这种危险的态势。

"汇报"这一例行工作，本来就要求将各项事务条分缕析，并赋予它们重要性。管理团队拟定日程是确定事务优先次序的一个方法。但如何拟定这一日程是需要讨论的。我们将这一过程称为"创造紧迫感",目的就是处理那些重要性被低估的问题,这也是董事会外部成员最重要的贡献之一。

这类问题可能来自某个很长时间处于微利状态的业务部门;也可能是存在法律纠纷问题,这个问题看似可以由律师妥善处理;也可能是人事部门认为某些客户的投诉没有正当理由;还可能是来自专利申请观察者的报告,报告称,一个竞争对手正在申请一项新技术的专利,而我们的专家认为这项技术并不是很有前途……在这些讨论中,董事会的外部成员可以以旁观者视角提出一些建议,为重要的任务创造紧迫感。

那么,创造这种紧迫感到底意味着什么呢?它应该包括两方面:一是工作本身的重要性,二是尽快行动的必要性。我们可以使用一些通用工具来确定各项任务的紧迫程度,并及时向员工告知。

**评估要素重要性的方法**　我们认为,二八法则适用于任何商业模式:系统中 20% 的因素会影响该系统 80% 的结果。经济学家帕累托(Pareto)发现的这一法则,已被纳入"关键成功因素"(key success factors)理论,而且也是任何军事战略的基础。我们所说的紧迫性源于议题的重要性。确定哪些可以作为关键成功因素需要进行详尽的分析。

谁是重要的客户——那些交易量大、与我们保持着长期合作关系、愿意与我们一起接受新挑战的人。

价格优势在大部分市场中都是一个重要的成功因素。那么,怎样才可以提高性价比呢?根据布佐(Buzzel)和盖尔(Gale)

的实证研究，质量和服务是影响价格的重要因素①。总成本的主要构成，以及受管理行为影响的成本要素是关键所在。

评估重要性的一个有效方法是，设想一下，如果我们的假设和行动计划是错误的，这会产生什么后果？也就是提出"如果……将会怎样？"的问题。如果后果是灾难性的，那么，它就是个重要问题。

在评估一个行动要素的重要性时，我们应该找出影响结果的根源。企业的盈利能力是一个结果，而且具有平均效应。没有人能影响最终的结果，同样，没有人能影响平均效应。我们只能影响某个结果背后的原因：销售量、销售价格、资源数量等。而且我们也无法影响销售利润等平均值，这是一个由多种要素综合作用的结果。因此，将任何事物的平均值用四分法分成最好、较好、较差和最差四部分是有效的分析方法。你可以将你们公司的业务按盈利能力递减的方式分成这四个部分。

**如何培养对时机紧迫感的敏感性** 还有另一种由行动的时效性造成的紧迫感。在这种情况下，除非及早行动，否则就不会得到想要的结果。那么，怎么培养对时机紧迫感的敏感性呢？

有些决策会有一个"机会之窗"（window of opportunity）。我们的经验是，无论何时，遇到有利的时机，都要尽快利用，因为"机会之窗"可能会再次关闭。而面对负面事态的发展，尽早采取行动的必要性更大。我们不妨用灭火来类比一下：现在的火势源于半小时前的一场小火，再过半小时，火势会越来越

---

① BUZZELL B，GALE B T，1987. The PIMS principles：linking strategy to performance [M]. New York：Free Press.

大。因此，为了阻止负面态势的进一步恶化，必须立即采取行动。

培养对时机要素感受能力的另一种方法是"回溯"（back tracking）。从需要产生某个结果的日期开始，将计划倒推到为取得这一结果的准备和实施阶段。在准备阶段到产生结果之间，有一个运行时间。我们可以保守计算这一时间的长短。刚开始的时候，不要将注意力集中到用较短时间即可完成的任务上，而是集中于具有重大影响的工作上，并把周期较长的工作当作首要任务。

事实表明，让绩效显现出动态的数据变化是至关重要的。对于短期内的任何变化，比如与前一年相比的财务业绩，业绩的影响因素等，都能为这一特定变化给出一些解释。随后，利用一条曲线来显示最近 5 年（德国成熟企业的这一时期甚至会长达 10 年）的动态，我们立刻就能看到变化趋势。或者不分析实际绩效与预期绩效的变化，而是展示在最近 12 个月中的变化趋势，你就能从中看到曲线的下降或上升趋势。与其他分析方法相比，这种分析方法至少能提前两三个月识别出从上升到下降的趋势变化。

**催生紧迫感，为自己制造挑战**　最后一点，当一切都处于理想状态，而且无须做出什么改变时，比如，订单增加，利润增长，贷款利率下降，信用贷款充足，竞争趋于严缓。我们真的应该为这么乐观的态势举杯相庆，并肯定管理层付出的努力。但是，我们还应该清楚：从历史上来看，这么有利的状况无法在长时间内延续。因此，我们可以有把握地认为，它不会永远持续下去。我们最好为整体经济环境的变化做好准备，比如在现有产品达到销售高峰时开发新产品，在资产状态良好时准备设备更新等。

如果目前没有挑战，但为了保持警觉，你必须通过催生紧迫感来为自己制造挑战。

提出某个问题，并强调其紧迫性，就足够了。我们认为，催生紧迫感，并将这种想法传达给管理层，是董事会的一项重要工作。管理层需要在公开的讨论中消除分歧，并将已确定的问题置于监督的聚光灯下。强调董事会这一职能的同时，我们想提醒的是，在描述需要做什么的时候不要过于具体。董事会的工作是向管理层说明他们面临的挑战，而如何应对挑战则属于管理层的工作，也是他们的职责。

管理层必须具备解决问题的能力和精力。如果一位董事能提出某些具体建议，当然很好，但是，详细说明应对挑战的完整行动计划并不是董事会的工作。因为任何战略的价值只能通过实施得到体现。实施是关键所在，实施的结果则完全取决于管理层的能力和投入。

战略实施后，随之而来的是对"'火'是否已经被完全扑灭"这一问题的检查。成功要庆祝，这同样也是董事会的一项工作。在困难时期，为了保持行动的动力和势头，庆祝取得的进步同样也很重要。

## 三、财务数据解读中的 10 个误区

董事会是负责公司治理的主要机构，公司治理包括监督和

建议。董事会要完成监督和建议这两项任务，就需要了解企业的现状和面临的挑战。我们认为，董事会中的非执行董事成员不应该直接参与公司组织的活动，另外，这些外部专家只是每季度或每两个月会面一次。因此，他们提供的所有建议都是基于公司为董事会会议提供的间接信息得出的。"间接"意味着他们得到的数据和对数据的评估信息都是公司高管提供的。

可以说，外部专家的工作对于董事会非常重要，但是这种间接信息的质量最终会限制其工作质量，并最终影响董事会的工作质量。正如在领导力或战略问题中经常出现的一样，间接信息可能很难让人精准地把握什么是需要的，以及什么是正确的。不过我们至少可以很准确地知道什么是不好的。下面我们来看看财务数据解读中的误区。

**数据过于详细而缺乏解读**　把为管理层准备的同一套数据提交给董事会，但没有对数据做进一步的解读，这是最常见的一个误区。当然，董事会收到的数据与管理部门读到的是同一份数据，这是值得肯定的，而且也必须这么要求。问题在于，为管理层提供的数据可能没有被整合到总数据中，且缺乏关键解读。这种提交数据报告的方法已经在公司内部沿用了几十年。因此，所有的内部人员似乎都知道在哪里可以找到那些数据，以及如何解读那些数据。

但是对于在不同董事会任职的外部董事会成员来说，这却是一个令人尴尬的局面。事实上，他们扮演的是一线员工的角色，他们必须自己分析数据，以便在数据中发现公司财务数据中预示的经营风险。这一问题的解决方案是：单纯的财务数据只能作为分析报告的备用材料。报告应该是通过对财务数据的分析而得出的结论，而不是仅仅只有原始数据。

**仅将数据与预算相比较**　一般情况下，业务数据只包括以下五个维度：既往业绩、当前业绩、预算、未来业绩的预测，以及与竞争对手业务数据的比较。

预算是记录各部门承诺的工具。比如，在一个财务年度的前三个月内，当前的实际数字与预算之间出现了不合理的差异，这可能并不是一个系统性问题导致的，这种情况在随后的几个月中会自然恢复平稳，也可能是过度乐观的预算导致的结果，还可能是一个业务状况的指标——提示当前业务发展正在发生正面或负面的变化。对董事会来说，只有最后一种是具有重要意义的信息。因此，这一业务数据的变化应尽快反映在最新的业绩预测中。

为了了解趋势，最简单的方法是计算销售额、利润等实际数据的移动平均值。我们可以通过两三个月后曲线的上升或下降，清楚地看到趋势变化。但要阻止或逆转下降的趋势，还需要另外3—6个月的时间。因此，发现趋势中的早期信号是非常重要的。

当然，行业中其他竞争对手的数据也很重要，但获取这些数据通常会有一定的滞后性。

**使用未经整合的数据**　即使是中型公司也是由一些独立的实体组成的，这些实体由公司内部各部门的职能交叉联系在一起，而利润只能通过向外部客户销售产品产生，因此，销售相关的数据动态是至关重要的。具体而言，必须避免因公司内部交易增加而造成销售数据增长的假象。一些公司内部的销售改变了发货方和收货方的数据，似乎表现为业绩的上升，但实际上，整合后的业务数据却停滞不前。

**使用没有可比性的数据**　公司的组织结构变化、业务年度的调整，或者任何类似的改变，通常在短时间内就完成了，因为这些变革通常被视为改善企业整体状况的主要工具，所以这些变革往往是不会拖延的。但这样做的一个副作用是，这些变化会导致可比数据的缺失，比如无法使用前一年的数据，甚至没有预算和之前的预测数据可供比较了。

**不透明的应计项目和年内调整**　就一年的结果而言，决定性的月份是每个公司业务年度的最后一个月。因为应付金额（accrued deliveries）在最后一个月都开了发票，最后这个月的销售额就会显著提高。此外，每年总收入的三分之一来自年终分录（year-end-entries），这些收入覆盖了一次性费用、年度固定费用、未来支出的应计费用等。为了展示当年发展情况的清晰图景，财务主管必须进行应计项目的调整。从一定程度上来说，他是唯一能够评估公司财务状况的人，他非常清楚公司是否有足够的盈余完成预期目标。这就是预测如此重要的原因所在，同时，这些专家必须开诚布公地进行预测。

**时间周期不足**　现有的研究认为，在面对不断变化的需求时，管理的僵化是导致衰落的根本原因。避免这种陷阱的首要前提就是尽早识别不断变化的需求。

在非常短的时间内，数据报告中的 12 个月移动平均值，是识别趋势变化的便捷工具之一。然而，短期趋势会在繁荣时期明显上升，在衰退时期明显下降，这很容易解释。我们需要认识到的是，长期趋势对于确定结构性调整的需求是必不可少的。同样，另一个非常简便的方法是进行 10 年期的比较。10 年包括一个完整的商业周期，周期内波动较平稳，这一周期长度足以表明公司的增长速度是否与整体经济或行业表现相一致。在这一时间跨度中，通过第一年和最后一个年份的比较，可以看出支出结构的变化。

**过分关注结果而忽视原因**　销售额和利润是结果，无法直接改变。但导致这些结果的原因有很多。人们必须确定影响销售额和利润等结果的关键绩效因素，比如，原材料占成本的比例（material quota）在任何行业都是一个关键因素，人事费用也是一个关键因素。更重要的是，要定期检查原材料成本和人员开支占增加值（销售额减去原材料成本）而不是占利润的百分比。前者关注的是原因，后者关注的则是结果。

**过分关注平均值而忽略了偏离平均值的幅度**　任何管理报告都会综合汇总各项业务交易产生的很多个数据，如总计、小计、平均数、百分比等。这种整合是了解目前概况必不可少的一步。但是，为了洞悉现状，人们必须将整合数据重新分解成重要的因素。为了完成汇总数据的分解，人们必须明确哪些是重要指标。具体来说，重要的是通过异常值、概率、盈利能力及损失等指标的变化来找到差异。在这个分析中，著名的二八法则非常适用。这种对复杂数据的分解可揭示系统中导致 80% 结果的 20% 因素是什么。因此，这样的分析有助于挑选出最重要的因素，并揭示产生损失的环节。

**过于关注成本而忽视了优化定价** 传统的企业管理理论从一开始就强调成本分析而不是对价格结构的探究。损益表中有一行数据是销售额和各种费用项目。内部统计会分析成本差异，但很少非常细致地分析价格差异。

**过于深究细节，忽视揭示本质** 详尽的数据细节并不能带来有价值的见解，只有大局中的要点才能揭示意义。

# 第六章
# 可持续性企业的增长思辨

## 一、德国家族的企业增长规律

每当我们与中国的家族企业所有者讨论他们的企业发展时，他们虽然关心企业继承问题，但相比之下，他们显然更关注融资问题。很多企业所有者考虑的是，通过出售公司的方式解决这两个重大问题，此外，还有一些企业所有者会选择公开募股，以及邀请私募投资基金入股。

在这里，我们以德国的家族企业为例，通过回顾德国家族企业在几代人手中的发展历程，为正在考虑可持续发展的中国家族企业所有者提供一些思路。我们记录了德国家族企业在很长一段时期内的实际增长率，从这个独一无二的数据库，可以发现这些德国家族企业长寿的原因。

**低速增长才是德国家族企业的长寿之道**　在德国腓特烈港（Friedrichshafen）的齐柏林大学（Zeppelin University）研究所，我们分析了三百多家德国家族企业的两个数据指标，一个指是这三百多家企业自创建以来的增长情况，另一个指是 1971—2011 年的增长情况。

这项研究显示：这些家族企业增长率超过20%的年份一般不超过20年，极少例外。这一"超速发展"也只发生在第一代人掌控企业的时期。在这一阶段，要想保持融资渠道通畅，公司的资产必须与销售额保持几乎同步的增长，这就要求企业保持较高的销售利润率，但这在如今似乎并不是一个容易实现的目标。因此，即便是业绩增长非常乐观的企业，也会遭遇资金瓶颈的制约。

通过对历史数据的分析，我们得出了这样的结论：超速发展和与之相伴的资金压力是第一代人常面临的问题。因此，实际增长率会不可避免地降到4%—8%这一区间。可以说，只有这样的增长率水平才能保证稳定的资金流。

我们将罗伯特·博世有限公司（Robert Bosch GmbH）当作家族企业的范例进行了研究。这家已经有135年以上历史的家族企业不仅依然健在，而且是德国众多具有一百年以上历史的家族企业中平均增长率最高的。

贝尔（Bähr）和厄克（Erker）两位历史学家向我们惠赠了一本有关博世公司历史的著作，该书向我们展示了这家公司的发展历程。博世公司在其一百多年的生命历程中，实际复合平均增长率高达10%，这是去除通货膨胀因素后的增长率。我们认为，博世的惊人表现基于以下策略：

- 创新产品　众所周知，磁力启动器这一创新产品让博世公司尽享汽车工业增长红利。但从另一方面看，我们知道，单一产品无法成就企业的长期可持续发展，应该说，从博世公司创建之初，生产创新型的优质产品就是它一直坚守的使命。

- 出口导向　博世早在第一次世界大战之前就已经确立出口导向型策略，其80%左右的产品都销往境外。
- 对产品和市场多元化的不懈追求　罗伯特·博世见证了自己的技术创新淘汰其他落后技术的过程，所以他很清楚，任何时候一项新兴技术都可能威胁既有技术看似固若金汤的地位。因此，他一直坚持多元化策略，并始终保持着在汽车行业内的市场份额。这也是博世公司现行战略的重要组成部分。

博世公司在第一代人手中取得的高增长率，对企业整体的未来发展具有决定性的作用。但其他公司也曾经历过这种类似的高增长，博世公司发展历程的一个独特之处是，公司第一代人掌管企业近50年之久，罗伯特·博世25岁就开始了企业家的职业生涯，直到他82岁去世。与其他企业相比，博世公司的发展历程还有一个独特因素，那就是该公司在战争期间也能继续保持良性发展和技术创新。

实现可持续发展最重要的前提条件都是企业能生存下来。很显然，在1905年前后，博世公司的增长率极高，以至于罗伯特·博世遭遇了财政困难，这样的困难一直伴随着企业快速发展的每一阶段。他甚至考虑过将公司出售给一个英国的投资者，但因为那位买主无力为企业募集到资金，这宗交易最终夭折。罗伯特·博世不得不继续掌控企业的所有权，但很显然，这一结果对企业和家族而言是件幸事。

每代接棒人的共同努力使博世公司达到现有规模，也为公司在德国企业界保持领先地位奠定了坚实基础。要保持这一既有优势，则需要后代管理层满足其他条件。

**首先，他们必须有让企业增长的意愿。** 正如该公司高管层在企业价值宣言中写到的，同时也是罗伯特·博世在遗嘱中明确的："要确保企业强劲发展。"公司现任管理委员会主席沃尔克马尔·邓纳尔（Volkmar Denner）博士为企业设定了与既往的非凡成就一脉相承的目标——将平均增长率保持在8%左右。

**其次，企业必须能为增长提供资金支持。** 从1971年到2011年，在这长达40年的时间里，博世公司的生产率（按每位员工的销售额计算）每年都提高5%，这是一个惊人的数据。只有强大的现金流才能为增长提供充足的资金，并补偿企业的战略试错成本。大获成功的博世公司曾一次又一次削减未能取得成功的扩展项目。但只要"风险价值"与正在进行的活动具有合理的关系，这样的处理就是不可避免的。

**最后，企业必须既能判断增长潜力的方向，又拥有把握商机的创业精神。** 今天，在"物联网"和"工业4.0"的背景之下，博世公司已为创新之路设定了清晰的大方向。同时，公司还收购了其他企业出售的一些业务，将并购纳入公司的发展战略。

总之，第一代人的增长实绩对企业发展具有重大影响，为后来的几代人确立了增长的标准线。其后的每一代人都有着发展企业的强烈愿望，并具备创造现金流、设定方向、把握机会的能力。企业战略中的独立性，让公司无须受制于股价上涨的压力，无疑也是博世公司保持自身优势的原因之一。任何国家的家族企业都能从这个故事中受益。

## 二、确立可持续发展的资本投资计划

资本投资是家族企业治理的常规问题,资本投资计划也在公司治理的年度议程之中。为什么任何公司都会周期性地回顾资本投资情况呢?有两个根本原因:首先,资本投资与公司金融的稳定性直接相关,是公司治理中具有压倒性意义的优先事务之一。其次,资本投资计划反映了企业的未来发展方向,对于一个企业而言,没有相关的资本支出,就无法实现生产力的显著提升和企业的增长。

在考虑资本投资战略时,企业应该区分企业整体发展和业务板块发展不同阶段的需求,如初期增长、稳定状态、可持续增长、暂时衰退和长期衰退等。初期增长的特点是高增长率,此时投资需求也会大幅度增加。融资问题的任何环节都很重要,如财产设备租赁年度、资金偿还时期等,关键问题在于企业能负担多少。

**确立可持续性融资策略** 公司治理的任务是确立可持续性融资(sustainable financing)策略。在初期的高增长阶段与后续阶段之间,存在一个至关重要的过渡阶段。刚开始的时候,现有设备的折旧可以用来扩大产能。我们以一家卡车运输企业为例,该企业拥有10辆平均使用寿命为10年的新卡车,通过折旧再投资,该企业每年可额外添置一辆新卡车,因此,该企业的运输能力可在10年里翻一番。但为了替换10辆旧卡车,需要投入全部20辆卡车折旧额的一半。同样,通过扩大规模获利的零售连锁企业也会面临一样的问题。突然之间,第一批卡车或店铺就因为过时而需要更新了，如果没有迅速做出调整，公司就会陷入困境。

**两种投资策略**　当企业发展进入稳定的新阶段时，企业治理的关注焦点就需要从融资转向资本投资。制订资本投资计划有两种策略，分别是自下而上和自上而下的策略。

自下而上的方法需要汇总投资对象的特定要求和相关的资金需求。这种方法很可能会导致项目数量和资金需求超过承担能力。因此，排列项目优先顺序、明白资金用途就是必不可少的了。但根据项目的盈利能力为其排序并不可行，因为不管怎样，对于企业而言，大多数项目都无法计算出实际的盈利和收益，也无法确定潜在的风险，比如更换设备、更新基础设施、启动研发项目等。

相比之下，更好的策略是采用自上而下的方法。采用这种方法需要将资金总额分配到具体的投资领域或投资目标。这些领域可以是业务部门，也可以是其他投资领域。通常，企业会将当前的折旧额当作所有投资项目的基准，并进一步根据各自产出能力——通常指销售额——有关的固定资产购置价格进行调整。

**稳定发展阶段的策略**　在稳定发展阶段，折旧是既有资产更新的基础。企业始终假设折旧额可被产品和服务的利润覆盖，否则，企业就会陷入困境。但是，只考虑折旧的再投资还不够，还需要考虑设备价格的通货膨胀率，以及制造工艺自动化不断提升带来的影响。因此，即便在德国这种稳定的经济体中，再投资率最低也为折旧的110%—120%。新设备更高的生产率必然会带来产出的增长,在企业相当稳定的发展阶段亦是如此。资产的更新和升级迫使企业至少要达到一个适度的增长率水平。我们通常假设这一最低增长率在去除通货膨胀因素后是 4% 左右。

**高增长下的策略** 如果公司不仅处于稳定状态,而且还在以高增长率持续增长,那么,企业也需要保持高投资率。

支持更高增长率的首要原则是,每 10% 的增长率,需要另行增加折旧 100%。举例来说,20% 的增长率需要折旧 110% 的资本支出,用于现有产能的更新,外加 200% 的折旧用于产能的扩张,这表明投资总额需要超过年折旧费的 3 倍。这些资金需求只有三分之一,可以被折旧计提覆盖,另外三分之一需要靠留存收益补足,最后的三分之一可能需要贷款。

**衰退期策略** 即便是最成功的公司有时也会出现衰退,根据我们的观察,企业的衰退通常发生在 10 年这一周期之内。在衰退的前一年,企业的销售收入和利润通常都会创新高。因此,这时候企业可以轻松地订购新设备,但是往往等设备到货时,衰退也开始了。此时的资金支出需要进行大幅调整。企业应该宣布所有已经核准的资本投资预算无效,同时制订一个全新的计划,只在至关重要的项目中投入资金。折旧的三分之一应该足以覆盖这样的最低预算了。

**行业不景气策略** 最后,市场中总是存在某些不景气的行业——这在全球经济体中也都无一例外。一旦生产率的增长——比如 3% 的年增长率——超过了需求的增长,就会出现行业的不景气。因此,每十年,该行业十分之一的企业就会倒闭。此外,如果某个行业的某项新技术取代了既有技术，该行业也会出现不景气——这在汽车行业最为常见。但在这些日趋萎缩的行业中，依然会有企业维持运营状态，甚至有些企业的盈利状况还很好。在日趋萎缩的行业中，因为企业无力负担昂贵的新工厂和新设备，所以，拥有老旧而且已大量折旧的工厂和设备就成为企业的一个真正优势。

资本投资战略的实施需要有理有据，投资战略必须符合企业发展的总体需求。战略的选择有一些至关重要的转折点，其中的一个转折点就出现在企业从初期的高速增长进入稳定的温和增长阶段时。如果这一转变与宏观经济正常的衰退同时发生，那么，企业的治理就会变得非常棘手。因此，企业最好对这种转变做好心理准备，并进行演练，而良好的企业治理机制则有助于这种演练。

## 三、利润合理才能生意兴隆

作为家族企业，我们需要关注怎么确保企业的良好运营，怎么让企业获得合理的利润并稳健发展，以及怎么让企业背后的员工家庭也幸福快乐。除此之外，我们还应该更好地解决企业面临的问题，比如说：如何应对数字化革命、国际竞争和人口结构变化等。如果从企业的角度出发，将利润保持在合理水平是永恒法则之一。在一家企业的董事会议上，我们从以下几个方面总结分析了该公司各类产品获利的因素：

**通过避免损失盈利**　获利的首要法则就是避免损失。听起来或许很简单，实则不然。为了达到这个目标，企业必须清楚在哪些方面会产生损失。通常情况下，财务数据只能反映总体状况，即各类产品的订单情况和总利润。为了确定损失源于何处，董事会要求企业将总体财务状况进行细分。我们建议将全部销售数据分为最好、较好、较差和最差四个部分，再统计每一部分的利润额和损失额。当然，这里说的利润是"除去所有成本后"的数据。这种方法称为"全成本核算"（full cost accounting）。

通过这种分解，企业可以知道哪个细分产品利润丰厚，这类产品就是企业利润的源泉，反映了企业的某些优势。没有出色的质量和合理的价格，就不会有高利润，而保持这些优势对企业的可持续发展是必不可少的。

保持优势比消除劣势更重要，而一个明显的劣势也会削弱企业的优势。因此，把造成损失的劣势限定在可接受的范围内是至关重要的。企业家需要观察销售亏损的比例：如果销售亏损率达到10%以上，削减成本并不会有什么帮助。在这种情况下，企业可以大幅提高产品价格，也可以索性淘汰某个细分产品类别，或者舍弃某个细分客户群体。在决定淘汰某项业务之前，尝试提高价格始终不失为一个好办法。提高价格往往会奏效，这个问题也迎刃而解了。

在确定扭损为盈的行动路线后，我们还需要再次回到中高利润业务的细分产品上来。或许，这些业务的利润已经过高，所以，在竞争对手发现我们有利可图的细分市场、客户因为高价格而放弃我们的产品之前，我们最好将价格降低到合理的水平。

企业家需要谨记的是，要给长期客户公平的待遇——这也是他们应得的。

**利润是结果，要找到源头**　没人能直接影响利润，利润是一系列因素和行动的结果。因此，为了提高利润，企业必须有效利用成本、销量和价格之间的杠杆，并把这些纳入报告系统中。与结果（利润）相比，报告那些影响利润的重要指标更加重要。这些重要指标包括：物料配比、人均销售额等。

**确定合理的价格获取利润**　没有合理的定价，就不会有出色的盈利能力。如果企业的产品质量过硬，那么，自然会比实力较弱的竞争对手更容易提高产品价格。否则，客户怎么相信你提供的产品质量更好呢？

一个可接受的价格水平在竞争越来越大的市场中会逐渐下降。因此，监控价格质量（price quality）是企业获取重要信息需求的一个方法。行业不同，监控价格质量的途径和手段也各不相同。为了观察价格质量如何随着时间变化，一个快速且可靠的方法是观察销售价格与原料成本之比。

**通过持续提高生产率获取利润**　人力成本一直在上升，企业不能视而不见。想要持续获得利润只能依靠不断提高的生产率。在组装行业中，从汽车到运动鞋，产品类型多种多样，要想降低成本，必须提高产品设计的效率，即通过更高水平的机械化和自动化手段使制造和组装工艺更高效。因此，一旦新产品成功推出，企业就要着手启动下一个项目——设计一款更出色、生产制造效率更高的产品。

**评估各种盈利能力**　利润会随着经济周期而波动。在成熟经济体经历经济衰退期时，我们预估，利润会比整个经济周期的平均利润降低三分之一，这是销售额停滞和价格压力增大的结果。当然，在经济回升期和繁荣期，利润通常会比平均水平高三分之一。考虑到这一点，企业应该认识到，良好的盈利能力是应对销量下降的缓冲器。

如果利润显著高于以前的水平，比如说，是平均利润水平的两倍，那么，这种非常规利润持续的时间很可能很短。非常规利润可能是市场对某些产品需求过高导致的，或者是因为原材料价格波动使企业成本降低，也可能是汇率波动的结果。这时候，企业要特别小心，不要把自己的计划建立在不可持续的非正常增长基础上。

**评估合理的盈利水平**　利润最重要的功能是为生产率提升（机械化、自动化等）和企业增长提供资金支持。在家族企业中，分配给企业所有者的利润通常只占利润的很小一部分。因此，利润的增长速率为企业的可持续增长率设定了上限。所有身处高增长行业的公司都必须获得丰厚的利润，才能确保自己在行业中的地位。从长期来看，一家公司的产权必须以和销售及资产相同的速率增长。具体速率取决于很多因素（如资产密度、税收、经费结构等）。粗略而言，为了使增长速率超过10%，企业的利润/销售额比率也必须接近10%。

**非常规利润的配置**　无论何时，只要企业幸运地获取了非常规利润，都不要把这些资金再投资于常规业务。这些资金最好是用于特别用途，比如不会产生直接财务收益的重要基础设施投资，或者存入企业所有者的"退休存款账户"。

综上，企业不但需要创造利润的战略，而且还需要企业可持续发展、员工家庭幸福的智慧和战略。

## 四、德国家族企业的并购逻辑

在并购案中，对卖方来说，公司的价格看起来很高。对买方来说，可以以极低的利率获得任意规模的融资。这看上去是理想的双赢状态，在本文中，我们将讨论的是欧洲本土企业所有者之间的交易，而不是中国企业和欧洲企业之间的并购。此外，我们只讨论家族企业作为买方的情形，因为我们很难在它们中间看到"成功"的卖方。这里所说的"成功"是指，对卖方来说，卖掉企业比继续经营下去更好。

我们这里想关注的是买方为了企业 10 年后更好地发展，现在就需要考虑的事情。当收购提案进入公司的审查程序时，以下方面是考虑的重点：

**考虑收购的前提条件** 至少应该确保被收购的企业盈利状况良好。当然，它们的盈利状况并不会像销售备忘录里所说的那样，不过可以据此调整收购价格，但这并不会破坏收购的逻辑。事实上，企业往往也是这样具体操作的。

**客观考虑协同效应** 为了评估一宗收购的盈利能力，在某些情况下，收购方不能只考虑收购对象当前的盈利能力，因为收购双方的盈利能力可能存在一些协同效应。

我们不主张过分预测协同效应，也不过于相信被收购企业仍有可扩大的盈利空间。这通常跟收购方通过收购获得的专有技术和规模效应相关，从一定程度上来说，并购以后盈利能力提高是可能的，但是这往往都被用来抵消不可预见的负面影响了。

更重要的或许是并购给并购方带来的利好。并购方可以因此避免一些潜在的负面影响，比如：如果我们最大的竞争对手收购了目标企业，我们会面临什么样的后果？在这种情况下，即使目标企业的价格很高可能也是合理的。如果并购能够保护我们免受竞争对手的市场威胁，这样的收购就是有价值的。

这里所说的协同效应还包括，通过从被收购公司新获得的销售渠道，或基于被收购公司的专有技术和产品，一宗并购在多大程度上可以为销售互补提供机会。中国收购者并购欧洲的某些公司可能就是为了获得一些商业机会。被收购公司的专有技术可以帮助并购企业拓展传统产品的范围。被收购公司既有的全球销售网络可以为并购方带来额外的销售渠道。

发现并抓住这样的机会可能需要一些时间，因此，明智的做法是，在对收购进行可行性评估时，不做过多乐观假设。无论如何，一宗并购的成功与否不能根据是否符合预测来评估。即使收购一家前途光明的企业价格高昂，但是如果 20 年后，这家企业发展良好，就没人会再想起当年收购的价格——这家企业的发展状况才是根本性问题。因此，制定收购战略时需要考虑：我们是否能够承担基本合理的收购？

**评估收购的承受能力**　收购的承担能力取决于以下问题：是否能偿付收购贷款，以及利用哪些资源偿付收购贷款。一般情况下，作为收购方的家族企业的股本保持不变，收购款项需要依靠贷款，直到企业达到一个可持续发展的债务水平。对此，值得注意的是：在收购股权的同时，还需要准备一定的营运资金。

需要强调的是，在稳定的状态下，被收购企业的股权应该始终由收购方提供稳定的资金，而不是通过贷款。为什么呢？因为后者在某些时候会导致危机。所以，企业需要用股权作为应急储备。不管怎样，我们假设收购贷款的条款之一是，在10年内以分期付款的方式偿还三分之二的贷款。如果贷款利率为6%，那么，在10年内，每年大约须偿还贷款本息的13.5%，相当于贷款总额的11%（11% = 13.5%×0.66 + 6%×0.33）。

接下来，我们具体来说哪些流动性资金来源可以偿付这些贷款。当然，被收购企业最终必须自行偿还这些收购款项。但是，首要问题是：我们可以将现金流全部用于偿还贷款吗？企业能够或必须调用相当大一部分现金流用于满足自己的重组或扩张的资金需求吗？如果是一家上市公司，且还有其他股东，就意味着收购方所占公司股份不到100%，那么，收购方就无法调用全部现金流。然而，很多案例的情况是，收购方认为自己可以调用全部现金流，但实际上却做不到。

**收购方股东的付出**　被收购企业很可能无力自行偿还全部贷款，以支持收购方持续开展的业务，所以，收购方企业必须做出以下两点调整：

首先，为了偿还收购企业股权中发生的融资贷款，收购方企业必须在10—15年内调用全部可分配利润。这就意味着：在这一时期内，股东无法从这个新收购的企业中获得稳定的利润。

其次，收购方企业的旧业务必须为贷款偿付提供资金，同时，还要为融资抵押提供信用担保。这一点是显而易见的，尽管其战略影响并不是那么清晰明了。

为了彻底弄清楚收购的影响，我们可以模拟一宗并购完成之后账户的状态。在分析合并报表时，需要特别注意两点：

- 收购方企业增加了销售总额和资产总额。
- 收购方企业股本没有直接增加，而是通过留存利润逐渐增加。如前所述，这些留存利润需用于偿还贷款。

如果收购价格暂定为被收购企业账面价值的 2—3 倍，那么，商誉会在合并账户中的无形资产项下资本化。当下一轮衰退或经济危机来临时，该商誉的账面价值会得到重新评估。企业必须做好商誉减值的准备。完成一宗大规模并购之后，商誉重新评估会削减股权，这种风险是显而易见的。

**并购中其他维度的评估**　如果被收购企业的发展与预期不符时，可考虑从其他维度分析其可行性。完整的战略分析需要考虑全面的维度。收购会给我们现有业务带来哪些影响？我们能承担收购失败的风险吗？

并购对我们现有业务有什么影响呢？如前所述，总资产规模虽然得到了扩张，但股本并没有变化。

此外，偿付收购贷款也给收购方造成了财务压力。对财务资源来说如此，对人力资源来说也同样如此。为了整合、重组和扩张已收购的企业，收购方需要领导者将一些有相关业务经验的高管配置到被收购的企业中。

当戴姆勒（Daimler）与克莱斯勒（Chrysler）合并时，合并后的集团不得不启动一个"危机管理"计划，以对克莱斯勒的产品进行全面改革。斯图加特的所有专家都参与了在底特律实施的这一计划。合并带来的代价最高、最危险的结果之一,就是斯图加特的 E 级车—戴姆勒的利润基础—出现了质量问题。

**究竟什么时候需要并购** 现有业务的有机增长与收购带来的外部增长之间存在明显的平衡需求。收购需要收购方配置一些财务资源和高管资源。这就意味着:企业必须一开始就拥有这些额外资源。

在此背景下,我们在对德国历史悠久的高增长(每年增长率超过 10%)家族企业的分析中发现了一个可靠的证据:它们的增长没有依靠任何收购交易。有人会说:高速有机增长不需要收购,或者高速有机增长与高速的外部增长是不相容的。

在任何情况下,为了满足高速外部增长的要求,企业必须拥有一个稳定且可盈利的既有业务。需要考虑的是:我们承担得起项目的失败吗?

收购提案能否通过的终极检验标准是:如果整个交易的逻辑被证明是错误的,结果会是什么?如果收购是个彻底的错误,那么,我们有什么应对措施?

整合吸收。如果我们能将客户、产品、机器和人员整合到现有的业务中,那么,我们就可以这么做,并关闭被收购的公司。这会大大降低收购的风险。

折价出售。如果我们能以折扣价出售所收购的公司,这一损失就可以被消化。这样的风险是可以接受的。

重组或清算。当我们不太可能找到愿意接受转售的买家时,风险就变高了。譬如,一家失败的创业公司,或者在发展中国家的其他本地竞争对手不感兴趣的公司，收购这类公司时会存在较大风险。此时，我们就必须对被收购的公司进行重组，甚至清算，继续亏损经营是不可行的。

如果一个成熟的企业没有了实现有机发展的其他选择，那么，它很可能通过收购来寻求外部发展的动力。此外，如果企业需要多元化，对冲其现有业务的风险，收购可能也是明智的选择。在这些情况下，一些收购机会是极具吸引力的。但是，除了具有吸引力其中涉及的风险可承受性准则同样重要。而风险的大小与交易环境相关，买方对目标企业的了解比卖方少，用于分析的时间有限，投资通常不能分割成更小的部分，往往需要做的都是大型金融投资决策。对这些方面的考量并不直接影响最后的决策，但这些风险需要充分的逻辑分析——也就是采用"最坏情况法"。此外，还需要有应对这些极端情况的保护措施。

# 第七章
# 企业可持续性的传承思维

## 一、创始人面临的两个陌生情境

通常而言，老一辈创始人需要解决两个自己并没有经验的问题。

首先，企业家需要构思从一家创始人管理的企业发展成为一家常规企业的步骤。创始人是从零开始开创事业的，是他赢得了第一个客户，也是他聘任了第一位员工，企业发展初期的每一步都是他设计和实施的。因此，他对企业的发展了如指掌，而且有足够的能力做出任何决策。"创始人—所有者"的模式有些像自雇模式，但第一代企业家的这种优势却无法传续给下一代，因为无论是家庭成员，还是外部人士，没有任何一位继任者对公司历史演进历程有全面的了解。

其次，在创始人掌管企业期间，企业的规模已经大幅扩张，而管理一家更大的企业则需要创始人具有之前不具备的组织和领导能力。简而言之，"创始人—所有者"模式必须找到一位总经理，来承担创始人并不熟悉的职责——管理一家企业，而不是让这位总经理成为一名自主创业的企业家。

## 第七章 企业可持续性的传承思维

这一全新的挑战还会带来其他难题：创始人要找的人很可能并不是目前的高管团队成员，而是一位职业经理人。由于创始人的高管团队很可能由创业时期的同仁组成，因此，创始人需要找到一位合适的候选人，并让他在企业中担任其并不熟悉的角色。

假设有位企业家一直很成功，所有事情一直都由他自己决定，现在他开始信心满满地承担这项新任务了。在这种情况下，他难免会有些"信心爆棚"。在寻找继任者时，企业创始人常常会犯一些典型的错误。比如，他们遇到了一位很优秀的年轻人，知道他是位前途无量的天才，而且敬佩他的胆略，企业创始人确信他就是继任者的理想人选。因此，他对这位年轻人热情有加，认为再把他与才华不那么出众的人选进行任何比较都显得多余。

企业所有者陷入的另一个圈套是，被候选人在大型全球化企业中的过往工作经历所迷惑，因为这样的经理人往往位高权重，且管理经验丰富。那些负责过数十亿美元销售业务和管理过数千名员工的人，表面上看是实现企业发展蓝图的理想人选。但需要提示企业所有者的是，无论什么时候，只要某个决策不够理性，那么，期望被不那么美妙的现实打碎的风险就会更高。

因为一名优秀的 CEO 是企业成功最重要的因素之一，所以这项工作不能使用浅陋的策略，也不能采用试错法。这项工作最起码的原则是确保有足够的时间筹划和实施计划。另外，企业家还要听取那些有过实操经验的专家提出的专业化建议。在德国，有些大型猎头公司专门为家族企业寻找高管的合伙人，不过只是与一般的猎头公司合作还是不够的。这种专业化服务可帮助家族企业股东明确自己的需求，并据此确定候选 CEO。这样的一位经理人选不仅要足够专业，还要有适应家族企业环境的心理准备。

## 二、如何在下一代手中实现长期增长

1668 年，默克（Merck）家族拥有一间有三位员工的小药房。继伊曼纽尔·默克（Emmanuel Merck）在生物碱领域的一项开创性发明后，这间药房的规模开始扩张，并在第二代人的手里发展成了一个生产药品和化学品的工业企业。随着三百多年的岁月流逝，这家企业不断扩大，现在已发展成了一个稳固的跨国企业集团。

还有很多历史悠久的企业同样有着异彩纷呈的过去，它们往往从一个小小的工匠店、一间药房或一个自雇零售店起家。所有这些故事都有一个共同点：它们都是从小生意开始，之后发展成为年深日久的家族企业。大部分情况下，都是继创始人的开创性发明之后，第二代开始构建企业的组织结构。接下来，我们从实践的角度，来探究第二代人面临的挑战。下一代对企业在不同阶段增长的发展要求如图 7.1 所示。

为了弄清这些需求，我们的团队对德国 350 家家族工业企业进行了综合性研究，研究的关注重点是企业从第一代转移到第二代的过程，在此过程中我们发现了企业可持续增长的一些主要条件和模式。

第七章 企业可持续性的传承思维

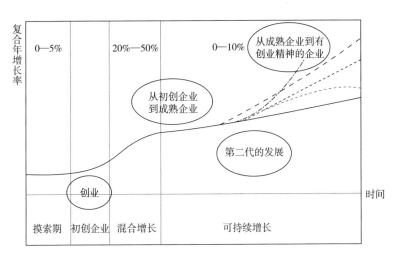

图 7.1 第二代对企业在不同阶段增长的发展要求

**企业实现可持续增长的"黄金通道"**

当我们将企业发展和增长认定为第二代的责任时，我们必须承认，在某些企业，增长不是最重要的。对一家企业而言，如果它拥有垄断地位，比如，一个城镇的唯一旅馆、一个稀有的葡萄庄园或一个奢侈品牌，增长对它而言就不是必选项。再如，企业在一个完全竞争行业（如食品和饮料行业）运营，增长也不是必需的。

但是，在除此之外的其他情况下，增长都是可持续发展必不可少的前提之一。正如我们对德国企业的研究所表明的，可持续的增长率需要保持在上限和下限中的合理区间。

**第一代之后的增长上限** 我们发现，所有现存的古老家族企业都有一个重要的共同点：第一代之后，企业的最高增长率不会高于所在行业总体增长率的 1.5 倍。我们还发现，在可持续增长阶段，企业的平均增长率不会超过 10%（见图 7.1）。

**增长的下限** 我们研究的家族企业的增长率也不低于所在行业总体增长率的 0.8 倍。因为这一长期增长通道有个增长上限,所以,一个家族企业可以达到的规模在很大程度上取决于第一代晚期或第二代早期的企业规模。创始人需要建立起从自雇阶段发展为成熟企业的组织结构,否则,企业就无法实现持续发展。因此,在第二代的早期达到成熟企业的标准是基本前提。

**维持可持续增长必不可少的四个因素**

为了弄清企业实现跨代增长的缘由,我们需要检视一下图 7.2 显示的四个必备条件:需求、选择、能力和意愿。

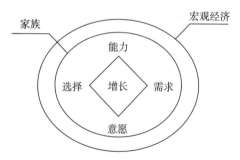

**图 7.2　维持可持续增长必不可少的四个因素**

- **需求** 增长的必要性体现在组织和个人两个层面。在组织层面,整个行业的增长扮演着重要角色,行业增长会驱动企业的需求增长。如前所述,行业的总体增长率是企业增长阈值的重要基准。宏观经济的总体状况决定了持续增长的需求。

从企业的角度来看,增长最大的好处是可以提高企业的稳定性,进而促进可持续发展。增长可能以较大的市场份额为基础,也可能使用多元化战略进入多个市场,后者可能更常见。对德国巴登-符腾堡州的企业 1940—2010 年的表现进行的一项长期分析表明，经营年限超过 70 年的企业都至少拥有三个业务领域，也就是说，这些企业的经济活动都是多元化的。

从个人（家庭）的角度来看，增长的必要性会受到家庭内部因素的影响，如继承方式变更和股东扩增等。随着家庭成员的增多，为了满足所有家庭成员的需求，企业自然就有了更大的增长需求。一方面，家庭成员会要求包括红利等在内的经济补偿，另一方面，这也是家庭成员在家族企业中大展身手的机会。

企业继承方式是增长必要性的另一个影响因素，因为股东基数和股东分红会因继承方式不同而发生变化。如果所有合法继承人共同继承企业，那么，股东基数便会增长，随之就会出现上述情况：对红利的需求增长，家庭成员也可在家族企业中实现自我抱负。如果只有几位子女中的某一位继承企业，那么，就必须给予其他继承人金钱补偿，这种方式实际上削弱了企业的财务发展潜力。

因此，让某一个子女继承企业可能会抑制企业的增长速度。而且经验表明，没有哪个历史悠久的大型公司到第四代人时仍归一人所有。所有权集中需要企业支出现金补偿那些无法继承企业股份的后代。根据德国法律，如果一个后代在遗嘱中被排除在继承人之外，那么，他至少也能获得一半股份的对价。问题在于，这一半的股份必须用现金给付，不得延迟。而这些现金则来自公司的税后留存利润，因此，企业的增长能力会被削减一半到三分之二。

因此，企业创始人应该在继承管理问题上先人一招，这直接影响第二代管理公司的发展目标。此外,第二代应该将前述的增长"通道"视为理想的增长路径,让企业的增长与行业的增长状况保持一致。

• 选择　除了家族企业的增长需求以外,后代面临的增长选择同样重要。增长可以源自内部机会和外部机会。增长的内部机会来自创新潜能、再投资战略,以及获得金融资源的能力。外部增长机会来自市场或产品的变化,以及宏观经济周期的变化。在最近40年里,德国工业企业的增长几乎全部来自出口。此外,产品上市周期的缩短和创新曲线的缩短,也为企业提供了增长的新机会。在各自所在行业收购那些衰退企业的市场份额同样能成为增长的新机会。建立合资企业、构建联盟网络——尤其是在国际环境中——也能创造增长机会。

不断探索内外部的增长机会,发挥自身优势,并抓住宏观环境变化带来的机会,这是任何增长的起点。保持与外部网络的联系,建立伙伴关系,可帮助你克服自身弱点。

• 能力　影响增长能力的重要因素之一是人力资源。管理者和员工愿意承担风险,且工作态度积极主动,是增长的重要驱动力。另一个重要因素是管理者的沟通能力和领导能力,比如决策能力和激励员工创新的能力。此外,组织对内外部环境的适应性和财务的稳定性在增长过程中也扮演着重要角色。

为了提升财务能力,企业最常采用的方式是公开募股。但我们的研究表明,成长为一家大企业并不一定需要公开募股。在德国,企业销售收入超过10亿欧元的企业中,非上市家族企业的数量是上市家族企业的三倍。非上市家族企业的增长率也都高于上市家族企业。事实是，上市企业较高的股息率，会降低企业的可持续增长率。此外，我们还发现，在历史超过60年、每年营收超过6亿欧元的上市企业中，企业的创始家族都已脱离了公司的经营管理。

因此，对一家中等规模的家族企业来说，这条戒律很适用："不要在大象玩耍的地方跳舞！"要使你的增长愿望与财务实力保持一致，并不断通过留存利润来增强你的财务基础。

- 意愿　我们要讨论的最后一点是增长意愿。它源自个人经历、个性和成长环境，增长意愿决定了增长目标的设定。增长战略的预期结果会影响增长意愿。增长意愿的提升源自物质奖励、不断提升的独立性、不断扩大的市场规模和不断提高的企业声誉。另外，其他增长导向型公司中导师的个人经历和人际网络中员工的个人经历，都可以帮助完善企业的决策。个人的创业精神等特质是企业增长的重要驱动因素。而个人经历和特质是由家庭及其目标、需求和关切的事物塑造的。许多创始人会向接班后代明确地传达他们的态度、战略和目标，并希望后代将此传承下去。由于创始人的强势地位，对于继任者来说，在商业战略中坚持自己的态度和目标颇具挑战性。这也是他们更喜欢"唯一的统治者"这一原则，并希望下一代也坚持这一原则的原因之一。创始人之所以对这一原则如此坚定，是因为他们希望后代保住10%以上的增长。

但分析完德国350个规模最大、历史最长久的家族企业之后，我们没有找到任何一个能在两代或者更多代保持10%以上增长的公司。最接近这一增长率的是博世公司，该公司在125

年里保持了每年大约9%的平均增长率。美国的同类企业是科氏工业集团（Koch Industries）和玛氏公司（Mars Company）。

这种现象的潜在原因之一可能在于组织的过度扩张，因为实际增长率达到10%及以上，每十年需要增加至少两倍的管理资源。

另一个原因在于财务机制的变革。创始人省吃俭用，并将现金流用于业务扩张。但与第一代相比，企业在后代的手中增长会放缓。到了第二代，创始人投资的工厂和营业资产必须及时翻新。因此，现金流的用途必须被分为没有增长的更新投资和增长型投资。此外，第二代可能也会使用更谨慎的经营策略。

从第三代开始，增长在很大程度上会通过合并和收购来实现。而有机增长可以通过资产的账面价值融资和并购来实现，这就意味着收购价格是账面价值的两三倍。

因此，可以通过以员工身份或者咨询委员会委员的身份在其他增长导向型的公司工作，来获得经验。在设定可量化的目标时要谨慎小心，尤其是创始人已创下高增长记录时，应该从定性的角度找到增长方向。

满足众多发展需求是一个相当大的成就，且会因此催生一个稳健、规模庞大的跨国企业。随着公司的成熟，组织和程序也会确定下来，同时，市场也会趋于饱和。在企业生命周期的这个阶段，增长常常会陷于停滞，甚至出现不断下降的增长率。然而，一些成熟和稳健的公司在这一阶段也会快速增长。通过对德国100家规模最大的家族企业的调查，我们发现，其中的20%在后代手里（主要是第三代）也出现了阶段性快速增长。

到目前为止，我们对这些成熟公司迅速增长的原因只有初步判断。但可以肯定的是，后代要想实现公司增长，需要付出更多努力。这通常意味着后代需要进入"新"领域——其中包括技术基础和商业模式的创新，以及企业的机会性收购，这种运作为企业进一步的发展开拓了全新的路径。

实现高增长目标需要长期的努力，以及高管层从长计议的经营理念。对非家族成员的高管而言，长期任职是催生从长计议经营理念的必要条件。将长期任职与适当的激励制度和股权期权结合起来，会让高管工作更投入，并支持创业导向目标的实现。在聘任家族成员时，长期任职原则同样很重要。同时，管理层或董事会中的家族成员的情感投入和创业态度，对管理革新至关重要。

除了增长意愿以外，财务资源对促进阶段性快速增长也很重要，因此，应该尽量消除金融市场对股东价值的干扰。

综上所述，家族企业长期战略面临的严峻挑战是新的增长路径的开辟。没有哪个简单的关键成功因素能让一个家族及其公司走上一条成功之路。增长需要需求、选择、能力和意愿的契合，以及它们在管理层面和员工层面上的实践。探索这些影响因素的相互作用是值得尝试的工作。

## 三、复杂的全面继任计划

高管培养是组织未来发展的一项关键任务。可我们有时会看到，在家族企业中，CEO 继任计划这一重要主题掩盖了在整个组织中的高管培养计划。

从根本上说，任何管理层职位的继任计划都应该是公司或组织的日常工作。然而，在家族企业中，这项工作独具特色。家族企业的一个独特之处就在于家族 CEO 和家族高管的长期任职。这就意味着公司中继任变动间隔的时间更长，因此，家族企业中的继任程序可能不如大公司那么完备，继任计划需要更长的时间来准备。总而言之，在家族企业中，继任计划是一项要求更高、更重要的"功课"。

不妨想象一下，一位独立创始人将 CEO 的职位转交给继任者的情形——不管继任者是否来自家族内部。新领导者需要领导并融入其下的管理团队，而管理团队完全是由创始人的"老部下"组成的，他们和创始人有着相似的经历、背景和年龄。而公司其他层级的继任和高管培养任务也就此都交给了新人。这种情形对所有相关方来说都极具挑战性。

许多成功的家族企业会花很多心思和精力来设计关键职位的过度。它们特别注重时机和团队构成，以确保最高管理层的整体能力符合企业现时和未来的战略需求。

**全面继任计划的四项任务**　一项全面的继任计划主要包括四项不同的任务：第一个任务是根据某个职位任职人的退休日期制订明确的继任方案。如果这个问题得到了妥善解决，那第二个任务就是准备应对意外的备选方案。这里所说的意外，可能是该职位目前的任职人被临时调岗，也可能是该职位的任职人因种种原因无法继续工作。为此，我们需要制订一个应急计划。至此，上述这两个任务已经覆盖了组织可预见的场景。

第三个任务是根据企业的成长需求制订详细的规划方案。

一般来说，企业7%的年增长率会使销售额每10年翻一番。这意味着，对于一个规模是今天两倍的企业来说，需要增加60%—70%的领导者。而培养这些领导者很可能需要10年的时间。因此，为了在10年内让经验丰富的高管做好准备，我们需要尽早制订培养计划。最后一项任务是，我们需要为有才华的年轻高管设计一条职业发展路径，这也是最复杂的一项任务。这意味着要让高管在实践中丰富经验、提升能力上逐步成长。让我们来更深入地了解一下这项复杂任务中的一些原则。

**拉动原则：确定和预测填补关键职位的需求**　前面提到的情形有一个共同之处，那就是组织确定了继任计划的需求。所以第一个行动是观察当前管理团队的运作情况，以"如果……会怎样"的思维方式，一个接一个地想象每个职位因为任职人到了退休年龄而被空出，或者因为某种原因导致职位空缺的后果。面对退休日期已经确定的情况，企业会有充足的时间准备继任计划。而面对更换任职人的突发需求，企业就没有足够的时间制订继任计划。

通常情况下，紧急替代方案是选择一个成熟的经理，即使他本人即将退休，但他有能力担任临时经理，这是第一个行动。要完成的任务是明确的，职位的要求也是已知的。问题在于，候选人是否能满足职位的要求。这位领导者与其下属之间的能力距离有多大？他们中的一些人是否能够满足或者至少部分满足职位的要求？

还有一点，也是最重要的一点，这个最高管理者目前正式或非正式负责的哪些职位是最难以取代的？这个问题对于第一代或小型家族企业尤为重要,因为在这些企业中,一般的职位描述往往不会完整反映一个人所需承担的所有职能。由于公司的需要,以及职位对技能与个性的不同需求,对应的角色和职责会随之演变。考虑到现有的一个职位将来可能需要更多的人来填充,有时候,将一个非常庞杂的角色拆分为若干角色也是一个明智之举。

第二个行动与第一个行动是完全互补的,即检视公司的组织结构图。这是一个极具战略意义的讨论,因为它包含了这样一个问题:我们要想在未来赢得胜利,需要具备什么能力?当讨论组织结构时,成功的公司不仅会考虑当前的需求,而且还会考虑未来的需求和可能性。因此,根据企业的战略,这显然意味着需要开发或获得一些组织希望拥有但目前还没有的技能和思维模式。这类新关键职位的典型例证是国际市场业务拓展岗位和数字营销岗位。

对于现有的管理层来说,有意思的挑战是,为了能够识别、领导和整合这些新人才,他们需要在这些领域掌握一些必要的知识。这一点尤为重要,因为这类知识很可能需要从外部引进。

讨论了关键职位的"需求方面"之后,下面我们转向高管培养的"供应方面"。

**推动原则:确定候选人及其发展需要** 一般来说,家族企业都喜欢在内部提拔领导者。如果是这样的话,维护好自己的高层管理人员"输送管道"就变得更加重要了。首先要确定高潜力领导者未来的发展需求。这可能需要将年轻的人才提拔到新的职位,即使组织方面并没有紧迫的需求。

## 第七章 企业可持续性的传承思维

虽然大型上市公司会请第三方服务提供商帮助自己系统地评估人才,不过,大多数家族企业会把这种评估工作留给自己。但它们要确保在常务会议和董事会会议上会对高层次人才关心的问题进行明确而定期的讨论。讨论的内容是关于下一个职位的"准备情况"、潜在的差距和可行的培养措施。在这个层面,"差距"不再是针对特定的能力,因为高潜力培养对象应该已经获得了这些能力,并且已经得到了证明。"差距"应该集中在以下三个领域:

- 业务和管理能力
- "软"技能
- 文化适应性(包括对组织的忠诚程度)

在确定"差距"时,我们所有人都必须意识到自己可能会犯一个常见的错误,即我们往往倾向于将未来的潜在领导者与已经在这个位置上工作多年的人进行比较。举例来说,我们将经验丰富、头发灰白的 60 岁销售总监,与担任同一职位、满怀抱负的 35 岁新人进行对比,结果发现,新人不够"沉稳"或太过"浅薄"。一般来说,我们可能会察觉到他们在自信程度、风度和个性上的差距。不过我们需要提醒自己的是,现任高管 20 年前与今天也大不相同,他是在工作多年后才变成这样的。

这也是为什么除了要看"差距"之外,还要关注候选人动机的原因所在。此外,高潜力候选人是否表现出抱负、勇气和自我发展的意愿也是值得关注的,因为这三点会驱使他将经验内化为阅历。

花在培养高潜力候选人身上的时间非常值得,帮助一个有能力的人成为一个优秀的领导者也一项很有价值的任务。接下来,我们转向未来高管的工作。我们需要始终谨记的是,这一过程不仅需要外部的客观条件,还需要"内因"的驱使——个人必须对自己的教育、发展和职业生涯负责。

**培养未来的高管** 如以下金字塔形图所示,管理者通过培训、经验和自我反思来提升职位胜任能力(见图7.3):

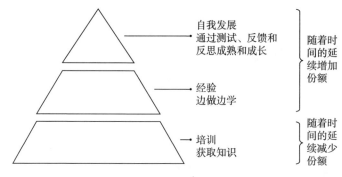

图7.3 未来高管培养示意图

随着时间的延续,高管级别越高,能力开发的重点越不在于具体的技能培训,而在于经验的积累和自我发展。这也是为什么在一些组织中,高潜力候选人的"保质期"现象越来越多的原因所在。如果一个年轻人的超强能力不能通过担任新职位得到应用、挑战和延展,而是一直让他"坐冷板凳",或者很长时间一直担任同一职位,那么,他的能力就不会得到进一步的提高。当然,这种情形还存在这样一种风险:这位才华横溢的年轻人可能会感到厌倦,进而去另一家公司寻求挑战。

这就是为什么要花很多精力来规划和设计候选人职业发展

路径的原因。为候选人选定目标职位的经验法则是:"为他们选取非常具有挑战性,但并非完全不可能成功的工作。"如果高管的能力发展是一个目标,那么领导者的任务就是确保分配给高管的新工作一方面是复杂和有难度的,另一方面能为高管成功完成任务提供必要的条件。

举例来说,公司为培养高管而准备的一个典型任务是,让他们在海外建立并领导一家新的子公司,或是让他们独立开展跨部门的新项目或试点项目。对于高潜力的培养对象来说,理想的结果是高管候选人积累到丰富的工作经验。对于大公司,我们设想了一个三重经验阶梯:

- 两个产品
- 两种功能
- 两个国家

这一设想可以构建一条大约持续 10 年的发展道路,例如,在产品 A 的商业功能、产品 B 的技术功能、国外的商业功能等工作任务上,每一个任务分配 3—4 年的时间。

候选人的领导行为对实验结果有非常大的影响,尤其是在实验开始的时候。领导者需要找到一种很好的平衡,一方面是不过度干涉,让新人独立自主地开展工作,另一方面是为确保实验成功创造最起码的条件。这可能意味着一开始就在公众面前为新人背书,向同仁及下属表明自己对新人的信心。此举同时也可能意味着,让候选人从一场有关对他的期待、资源和权限等现实问题的对话中开始工作。

心理学家利维·维果茨基(Lev Vygotsky)提出了一个有关

教育的有趣概念——"邻近区域"（proximity zone）①。这一概念是指学习者在没有帮助的情况下可以做的事情与他们目前尚不能做的事情之间的区域（见图7.4）。在邻近区域，学习者可以得到更有经验的同事的引导或启发，同事可作为思考伙伴为学习者提供建议。维果茨基将这个区域定义为"高级学习"（advanced learning）最能得到促进和保障的区域。如果领导者留在邻近区域内，并且在一定程度上能与同事交流，那么这种做法就会得到回报。当然，内部导师或外部教练也可以提供额外的支持。

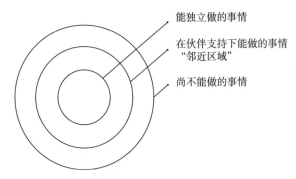

**图 7.4　高级学习模式示意图**

这样的对话还能促进学习进程和自我反省，这也是前文提到的高管学习的主要驱动力。通过接受反馈和理解自己面临的挑战，高管们能够加速自己的学习进程，并将经验内化为知识。

高管培养远不止最高层制订继任计划。这是一项对公司和高管的未来持续进行的联合投资，如果进展顺利，从长远来看，

---

① VYGOTSKY L, 1978. Mind in society: the development of higher psychological processes [M]. Cambridge: Harvard University Press.

双方都将受益。这是最高管理层的时间、注意力和精力都花得非常值得的工作。

最高管理团队自身必须为组织的高层梯队建设完成这项任务。在此过程中，最高层管理人员可能也意识到一些自我的发展需求，并进而采取措施实现发展目标。

## 四、如何选择职业经理人

家族企业所有者向一位外部专家寻求有关企业传承的建议，这就像一个人拿自己的心事向朋友寻求建议——寻求建议的人往往已经打定了主意，这么做主要是为了求证自己的选择。在家族企业中，无论对家族来说，还是对企业而言，综合考量候选人的长期动机和利害关系都大有助益。

老一辈股东自然更希望让有资格的家族成员或家族团队接管企业。可是如果家族中没有继任者，也就是说没有有能力管理企业的家族成员，那么老一辈有两个非常充分的理由不去选择他们。第一个理由是，企业所有者压倒一切的首要任务，就是要确保自己的企业永续发展。当自己的子女无法实现这一目标时，那么，典型的企业家就会寻求解决这一问题的其他方案。第二个理由可能更加重要，管理企业是一项压力巨大的工作，需要管理者拥有强健的体魄和建立在能力基础之上的自信。若没有这些必备条件，承担这样一项职责就会危及管理者的身体健康和心理健康。因此，每一位父母都会尽力让自己的孩子免受这类风险的威胁。

因为缺少合格的家族成员继任者而考虑卖掉家族企业，往往是经济上和情感上的根本性错误。就算把出售企业所得的收益进行再投资,都比不上"自有"企业能提供的同等金融财富和社会情感价值。企业的后代会更倾向于拥有一项更稳定的、更受人尊重的事业,前提是这项事业是根植于一家值得尊敬的家族企业。

但将企业的延续完全寄望于一位能直接运营企业的家族成员并非明智之举。而任命一位非家族成员担任总经理,不仅可以让家族继续掌控企业,而且可以领导企业朝正确的方向发展。在德国,大部分有规模的老牌家族企业都是由非家族成员经理人在家族监督下进行运营的。凯驰公司的哈特穆特·詹纳就是这一领导理念的典范之一。该公司1935年由阿尔弗雷德·凯驰(Alfred Kärcher)利用自己的专利创建,2015年其营业额为22.2亿欧元,公司的销售额在此后10年内翻了一番。凯驰公司最初由几十人组成,到2016年已经在60个国家建立了海外子公司,成了拥有1.13万名员工的全球性企业,公司85%的销售额为海外销售额。凯驰最初以生产炼钢材料起家,二战结束后,公司转向日用产品的制造,比如圆炉、炊具、手推车、拖拉机和拖车等。此后又转向清洁技术行业。创始人凯驰去世后,他的妻子艾琳(Irene)接管公司管理权长达30年之久。此后,他们的孩子约翰内斯·凯驰(Johannes Kärcher)和苏珊娜·齐默尔曼·冯·西法特(Susanne Zimmermann von Siefart)作为家族企业的第二代掌门人掌管企业运营。目前公司的运营由CEO哈特穆特·詹纳掌管。作为职业经理人,哈特穆特·詹纳拥有非常丰富的管理经验。他管理下的凯驰公司采取了多样化产品战略。凯驰拥有三千多种产品,产品的零售价从9.9欧元到350万欧元不等。同时,这些产品几乎在每个国家都有销售,这意味着产品需要遵循不同国家的市场需求和监管规定。哈特穆特·詹纳采取的多样化产品战略,虽然可能会降低一些销售利润率,但这种多样化却能给企业提供最大的保护,确保企业获得稳定的增长。即使2009年全球经济大环境非常恶劣,凯驰的销售额也只是小幅减少。因此,这种策略在长期能创造更多的利润,能够确保家族企业实现可持续发展。

不过企业所有者需要审慎地规划,而且还要确保企业具备某些"资格",这些"资格"不同于运营企业的能力,但其重要性并不亚于运营企业的能力。

每一个继任计划都是非常复杂的项目。很显然,这类继任计划在非家族企业中同样并不容易。将企业运营的职责传递给下一代是一个颇具不确定性的工作,而将这一职责移交给一位职业经理人则需要更加周全的规划,因为这项工作中有很多不同的变革过程。

**第一,将企业从第一代传递给第二代意味着由个人决策向群体决策的转变。** 创始人创建企业之后,会与企业共同成长,任何事情都可以当机立断。企业创立之初,这种决策方式是企业存续的唯一途径。采用这种策略的结果是,没有企业创始人掌舵,企业便无法运作。但为了实现可持续发展,企业的相关决策不能再仰赖某个人——不管是企业创始人、创始人的后代,还是才能出众的职业经理人。在完成组织架构的变革时,要尽量避免风险。

第二，任命职业经理人时必须经过一个专业的甄选程序。身为管理者的企业所有者往往想自行完成这一工作，从而挑选到错误人选。这是因为，尽管他们缺乏这项工作的经验，可他们在企业经营上取得的成功，常常让他们对自己甄选继任者的能力信心爆棚。

第三，甄选和持续评估需采用各自的专业化标准。

第四，只有在专业的治理结构中，聘请非家族成员职业经理人才能取得预期成果。父母和其他亲属在股东大会上每年聚会一次，或者为了召开董事会每年会面两次，这是不行的。职业经理人有权以专业化的方式要求有意愿且有能力管理企业的企业所有者，为这一过程提供清晰的指导和有力的监督。

第五，坚持公平原则。非家族成员职业经理人是企业的雇员，他有权享受聘任过程中所有环节的公平待遇。终止聘用相关条例的公平性尤为重要。

我们经常使用"专业素养"这个术语。那么，什么是"专业素养"呢？我们都知道，当我们拜访医生或者律师时，我们希望感受到他们的专业。在紧要关头，我们甚至希望他们面对我们的问题时表现出职业化的献身精神。不同特点的职业经理人也有不同的理论模型。"委托—代理理论"（principal-agent theory）中的"代理人"就是著名的例子。另外，在家族企业中，值得信赖的"管家"更有可能被提拔为家族的服务型领导或企业的领导者。"代理人"名声不佳，而"管家"则受人青睐，但是"专业素养"在家族企业文献中被提及的次数还不够多。

## 五、职业经理人的专业素养

在非家族成员经理人接管企业的话题上，我们首先要了解的是，职业经理人的"专业素养"在接管企业时到底意味着什么。"专业素养"的核心是"专业"，"专业"意味着一个人具备社会认可的才能和素质。比如，医生的职责首先是为病人消除病痛，在这个基础上，人们对他们还抱有提升病人健康水平的期望；建筑师的职责是设计安全和稳固的建筑，另外，他们还要满足人们对他们设计出漂亮或令人印象深刻的建筑的期望；法律顾问的职责是保障客户的权益，而要承担这一职责的前提是，他必须拥有完备的法律知识。政府对这类专业人员有严格的规定，即正式和非正式地规定其拥有一定的知识、某些必备的能力，以及很重要的一点——从业资格。他们需要经过一定时长的训练，获得某些学术头衔，积累一些实践经验，这些就是专业能力的证明。显而易见的是，专业人员不但要掌握扎实的学识，拥有可靠的实践经验，而且还要遵循行为的道德准则，并达到专业工作需要的绩效标准。

对于职业经理人的专业行为标准，社会还没有形成共识。主要有两方面的原因：一方面，绩效水平是无上限的，而且职业经理人要以合乎法律和道德标准的方式完成股东价值最大化的目标；另一方面，职业经理人对如何完成这一绩效目标并没有具体的准则。对他们来说，并不存在像描述因果关系的自然科学法则那样的"经济法则"。因此，在现实中，没有什么可以确保职业经理人达到预期目标。同时，管理相关的专业素养中还有一点艺术的成分。

因此，培养职业经理人专业素养的第一步就是让其具备完成自身工作所需的能力。这些能力通常要求职业经理人拥有扎实的专业技能，比如金融、管理、制造或营销技能等。而具备领导能力的前提是他们必须强化这些基本能力。专业能力包括对职能权限的认知，对理论和实践之间差异的认知，以及在自身能力之外的问题上请教专家的意愿。另外，保持良好的专业能力还需要终身学习，不断更新自己的知识体系。

专业素养构建的第二步是，达到人们对专业人士高标准的期望。这些标准可称为"价值观"或"行为规范"[1]。这些标准意味着：需要平衡和协调相关各方的利益，职业经理人个人的利益永远不可凌驾于企业利益之上；无论在字面意义和精神实质上，法律都必须得到尊重；要与利益相关者进行准确且透明的绩效沟通；员工的个人志向应该得到尊重；勤勉、专注和责任心决定管理判断和管理行为。职业经理人工作的方式方法需要包括：履行职责、专注于事实、坚定自身信念，以及做出不受欢迎决策的勇气。

职业经理人通过培养和保持自身能力而履行所有这些职责，并希望自己的专业素养得到他人的尊重。所以，与职业经理人打交道的首要原则是：企业所有者、委托人要尊重专业人士的能力。基于这些能力，职业经理人能够对眼前的问题做出自主判断。委托人可以提出意见，并要求职业经理人重视企业所有

---

[1] KHURANA R, NOHRIA N, 2008. It's time to make management a true profession [J]. Harvard Business Review, 86 (10): 70-140.

人的观点。企业所有者可以利用某个决策及预期影响来支持自己的论点,但他不能因为自己是公司的所有者就命令经理人做某些事情。在专业人士的眼里,所有权自然意味着财富和责任,但并不一定代表能力或智慧。把职业经理人视为按自己指令行事的办事员,并不符合企业所有者的最佳利益,而且有能力、有自尊心的职业经理人也不会接受这样的职业定位。

## 六、专业化治理家族企业——设立治理董事会

我们在前文详细说明了通过聘用非家族成员职业经理人来解决企业传承的问题。对德国很多历史悠久的大型家族企业来说,这是一种成功的选择。但同时也意味着,必须拥有一套针对职业经理人的治理体系,这既符合企业所有者的根本利益,也符合职业经理人自身的根本利益。

现代公司治理理论是针对公众公司的模式出现的,这一理论强调的是股东和企业管理层之间利益的冲突,即"委托—代理冲突"(principal-agent conflict)[1]。这种理论模型认为,职业经理人是懒惰且贪婪的,他们会选择追求一己之利。然而,股东则无法将自己的利益加诸职业经理人。职业经理人治理体系是监督懒惰代理人工作、控制其贪欲最重要的工具。显然,这种企业所有者和职业经理人之间关系的模型并不适用于家族企业。首先,在家族企业中,股东对决策并非没有任何影响力,相反,他们时刻身在企业,可以参与企业的经营决策。其次,自私和

---

[1] JENSEN M C, MECKLING W H, 1976. Theory of the firm: managerial behavior [J]. Journal of Financial Economics, 3 (4): 305-360.

贪婪的职业经理人并不是职业经理人的典范，而且这种职业经理人也无法在家族企业环境中生存下来。但即便在家族企业的环境中，职业经理人治理体系这一工具对家族企业也大有助益，只是发挥作用的背景不尽相同。

按法国哲学家米歇尔·福柯（Michel Foucault）的定义，职业经理人治理可以被解读为"领导者的领导力"（leadership of the leaders）。一般而言，领导职位的设置旨在让下属工作更出色。在最高管理层，领导意味着帮助下属做出更好的决策，这就是他们的主要"工作"。在德国，大部分大型家族企业都设有一个充当治理体系核心机构的董事会——治理董事会（governance board）。尽管法律并未强制规定，这些企业都设置了这样的机构。

那么，为什么治理董事会的设置符合职业经理人的利益？因为这类董事会会清楚说明企业所有者的利益及首要目标。在家族企业中，这些目标往往并不是很高的利润率，而是卓越的产品性能，或者为了保障企业的持续发展，在创新和增长等方面居于领先地位。通常，双方对总体目标不会有争议，他们需要讨论的是完成目标的细节、途径和手段等具体问题。比如说：可以与另一家公司合作吗？这样的合作会危及家族企业的独立性吗？为了追求增长目标，企业能够接受不断提高的负债率吗？为了追求盈利能力而采取必要的裁员措施，是否会违背家族企业的传统文化呢？已尽到向管理层明确说明企业目标这一义务的治理董事会，需要与管理层讨论这些问题，并制订实现目标的方案。

这个过程应基于双方就各自论点进行交流讨论，并形成经过充分考量的方针，这一方针只有在新论点出现的时候才会改变。对经常毫不迟疑地改变计划、按直觉行事的创始人来说，这个过程看似很复杂。这也正是创业企业与常规企业的差异，同时也是企业从创业阶段发展到常规阶段的必由之路。治理董事会的职业经理人可以为企业的战略项目提供专业知识的支持，因为企业创始人和家族企业的股东只有在自身企业或相关行业工作的经验，所以，这样的专业知识是他们缺乏的。

当然，职业经理人治理体系对确保管理层的行为与企业所有者的利益一致性也具有更重要的作用。比如：现状分析、为最高管理层的议程确定关键问题、明确规定治理委员会的权限、评估管理层的表现、为适当的激励措施设计薪酬机制等，都是这类董事会的日常工作。

最佳治理实践包括很多环节，不过一个家族企业不应该在一开始就追求完美。重要的是启动这一过程，而且应该从一开始就与外来的独立董事一起商讨这项工作，建立家族与非家族成员在治理董事会中的合作机制是必不可少的。这样的合作会催生专业化的程序，并进一步在指导和评估工作的环节中，更有效地利用外部人士的专业知识。

## 七、创始人配偶的七个角色

对个人或一对夫妇来说，创建一家企业是生活中的一项独特的挑战。假设由个人单独创建企业，我们来看看他配偶的角色。

一个创始人创建企业后,他的个性会随企业发展而演变。不管其配偶是在企业工作,还是在家里工作,都会见证并参与这一过程。

如果仔细观察,我们可以从中发现配偶扮演的七种不同角色:

- 创始人的伙伴
- 高层管理者
- 治理中的顾问和监督者
- 下一代的父母
- 家庭冲突的调解人
- 家庭财富的安全港(特别是退休以后)
- 紧急情况下的继任者

**创始人的伙伴** 作为伙伴,配偶是另一方的后援,所以,她最好做好迎接生活中机遇与挑战的准备。正如弗洛伊德的名言所说:生活就是"爱情"和"工作"。伙伴角色有利于配偶的个人成长,同时,他们还会共同努力,并共享各种成果。

作为后援,在配偶需要帮助的情况下,双方会非常团结。因此,配偶会在决策中和情感上参与对方的职业活动。这种情境并不是家族企业里的夫妇特有的。在这种情境中,一个需要明确的问题是,作为休戚与共的后援,配偶可分配得到多少财务利益。在德国中,股权由一人所有的企业并不常见。不管怎样,这些股权都会转移给后代。不过,我们认为,企业经营所得应由夫妻双方共享。当然,这是法律规定,除非有其他婚前协议。但我们也得承认,今天人们可以看到各种利润分配模式——

包括"独立钱包"（separate purses）。

**高层管理者** 共同应对创业生活早期阶段的起伏，会在夫妇双方和企业之间建立起一种强烈的情感归属关系。并肩应对这些挑战还会培养出双方对共同取得成就的自豪感。

这种共同领导的结果是，双方形成同事关系，且其中一方拥有最终决策权。这种同事关系必须是拥有平等基本权利的个人形成的伙伴关系。当然，"大男子主义"仍然存在，但这样的"团队"不适合双方在充满活力的经济环境中共同领导企业。因此，在这种情况下，典型的模式是丈夫和妻子共同组成高管团队。作为对方的同事，意味着他们需要共同承担最终责任，在职务上，任何一方都不是另一方的下属，不过其中的一方可能担任首席执行官，并负责向公众披露信息。在公司内部，双方认同首席执行官由一人担任，而在其他人面前，他们总是表达一致的意见。

**治理中的顾问与监督者** 在双方不共享管理角色的情况下，配偶作为顾问和监督者可能会发挥更重要的作用。这一点很重要，因为通常情况下，单独的创始人不会在企业发展的早期建立完善的公司治理系统。这个工作可能会在后期完成，也就是准备将企业传递给下一代的时候，但是作为创始人、企业所有者和总裁，一般情况下，他并不会认为一开始就有必要建立公司治理系统。在这种情形下，配偶可能是创始人"汇报"的唯一对象，是向创始人提出建议并会被他采纳的唯一一个人，也是唯一一个有权提出纠正和监督意见的人。

**下一代的父母** 为人父母是最重要的角色，具体来说，配偶需要将下一代培养为负责任的股东。父母将子女抚养成负责任的股东，是任何家族企业可持续发展的先决条件。如果夫妇双方都对企业有情感归属感，完成这项任务就有很好的基础。

**家庭冲突的调解人**　一般来说，母亲更适合这一角色。第二代接班以后，企业可能通常是由第二代的兄弟姐妹来经营。这就意味着兄弟姐妹之间有可能产生竞争关系，并爆发冲突。在这种情况下，母亲就需要作为第三方的调解人出面。父亲通常不能担任这一角色，因为他很可能就是冲突中的一方，母亲则是唯一受所有兄弟姐妹尊重的人。为了能够担任这一角色，母亲应该加入企业的治理机构，借此了解企业的问题，并观察子女在企业经营中的表现。

**家庭财富的安全港（特别是退休以后）**　身在职场是个有风险的事情。创始人有可能会破产，他投资于企业的财富会因此亏损。如今，利益相关者遭受的损失要由企业所有者承担个人责任。即使企业法人只承担有限责任，但破产管理人或多或少都会想方设法获得企业所有者的个人财富。为了防范这种个人责任的风险，只有一项保护措施：尽早将财富转移给配偶，当然，在这之前需要律师拟定专业的框架和协议。

**紧急情况下的继任者**　最后，我们必须留意配偶一个罕见但很重要的角色：紧急情况下的继任者。我们曾多次听到这样的故事：独立创始人英年早逝，在子女尚未成年的情况下，配偶就成了家族企业的第一继承人。但还不止于此，在很多情况下，配偶会以已故创始人的角色经营公司。因此，她会维持家族企业的运转，直到子女有能力接管企业。

角色如何分离？著名的"三环模型"（three-circles model）描述了人们在家族企业中的三个角色：家庭成员、企业所有者和企业管理者。家族企业咨询领域的一些顾问建议将这些角色分开，但这在一定程度上会导致分裂，我们在使用这个模型时要格外注意。

## 八、第二代股东的配偶应该怎么做

第一代白手起家创建了企业。而到了第二代以后，在他们建立家庭的时候，企业已经存在了。这时候，财富规模、利益关系和相关责任是明确的，而且还有一个由创始人和第二代家庭成员构成的股东群体。这些年轻股东的配偶以儿媳或女婿的身份进入家庭。因此，这种多世代、多股东的家庭与单独创始人及其配偶构成的家庭是完全不同的。

通常情况下，创始人仍然以某种方式参与其中，而下一代则以股东身份在公司治理和管理中扮演自己的角色。我们关注的是，在这种情况下，下一代股东的配偶扮演什么样的角色。

对管理继承人角色不感兴趣的股东，他的工作职责之一是，找到一个符合条件并对公司感兴趣的配偶。事实上，这样的案例相当多。身为股东，女儿通常会将符合父亲企业条件的女婿引入公司。但如果女儿离婚，这种任命很难继续下去。在大多数情况下，即使离婚的妻子能够接受前夫继续担任高管，其父亲也会终止聘任关系。

同时，与符合条件的商业人士联姻的兄弟姐妹，其家庭地位可能会得到提升，但这也会影响其他兄弟姐妹未来在企业的管理体系中担任的职位。当然，只有当"外来的"配偶有能力承担起企业管理及监督治理职责时，这种联姻对企业才是有意义的。

但是，虽然很多公司会考虑"外来"配偶担任这样的职务，但这并不意味着配偶可以持有公司股份。据我们了解，在大多数情况下，配偶不能从其丈夫或妻子那里获得股份。

实际上，多代及多股东的家族企业是不允许配偶"参与"家族企业管理的。与这条规则相一致的是一个更普遍的原则：配偶不能获得任何股份所有权。后一个原则之所以是合理的，是因为无论如何，父母都是作为未来股东的子女的股份托管人。

事实表明，这一经验法则是降低家族企业复杂性的一个手段。但是，管理有方的家族往往能有效利用"豁免规则"处理矛盾。譬如说：如果有正当理由，他们还是会在自己的公司里聘用子女的配偶为"天才工程师"。但对于所有其他配偶来说，这一规定仍然有效，即不允许参与配偶的家族企业事务。

在这种情况下，没有企业所有权的配偶的角色是什么呢？一般来说，他们有两项基本任务。第一是做一个好伙伴，第二是做一个好父亲或好母亲。

**伙伴** 伴侣应该是另一方的后援，我们在前面对此做过详细的分析。双方最好通过能力上的互补，做好迎接生活中的机遇与挑战的准备。他们双方的任务都是帮助对方实现个人成长，同时，他们还要共同努力，并共享成果——无论成果是好的还是坏的。我们在此再一次引述弗洛伊德的名言：生活就是"爱情"和"工作"。在这个角色中，身为股东的伴侣会邀请配偶一起交流工作中的乐趣,也会让配偶参与股东事务。但是,请注意,这并不是必须的。

在我们看来,这种情形意味着夫妻之间的财务资源也是共享的。虽然配偶无法获得股份的所有权,不过我们认为,股息的正常收入应该由双方共享。

应该说,夫妻双方是一种共享情感、智力和金融资源的伙伴关系。这种关系与"三环模型"并不矛盾。在我们看来,认为伴侣只能扮演配偶这一个角色,而不能同时扮演两个及以上的角色,是对这一模型的误解。

比较常见的情景是,夫妻双方都是他们各自家族企业的股东。他们可能初识于很多场合,如多个家族企业的活动平台、聚会或大学等。而相似的经历可以促进他们对利益和责任的相互理解,而不用花费时间向对方解释财富问题和股东行为,从而更容易相互支持。

**父母**　夫妻双方有一项共同任务,就是将他们的孩子培养成为负责任的企业接班人。就这项任务而言,父母的职责和角色各不相同,这本身就是一个优势。他们可以让孩子看到人一生所需要的不同品质,譬如说:一方更关心经济,另一方更关心情感;一方更理性,另一方更感性。在这一共同任务中,夫妻双方来自生活其他方面的经验对子女的成长大有裨益。

为了教育好子女,股东配偶需要参与股东的工作。如果不了解股东的日常工作,他怎么可能理解一个企业所有者所面临的挑战呢?因此,我们认为,在生活中将伙伴和父母的角色整合到一起,才是最优策略。

**其他角色** 我们在前文详细说明了创始人配偶承担的额外特殊任务。其中包括在创始人早逝的紧急情况下的继任任务。从根本上说，后续世代也可能会面临这样的紧急情况。通常，这类任务只与核心家庭成员有关。

每位伴侣都有自己的职业，但他们也肩负着共同的任务。他们虽不会探讨工作的事，如股东大会上的决策，但他们会参与对方职业生活外围的活动。伴侣通常会对对方在职业上遭遇的挑战感兴趣，甚至可能会提出一些很好的建议。

## 九、只有有声誉的家族才能将自己的姓氏赋予企业

我的工作是分析德国、中国及其他各国的家族企业问题，更恰当的说法应该是，我关注"价值观""可持续性""声誉"等。但是在全世界都在追问大众汽车（Volkswagen）何以陷入如此灾难性境地的时候，我只能先放下手头的工作了。这个事件让全世界的消费者倍感沮丧、深受伤害，对大众汽车和德国工业市场则是一场灾难。

家族企业的价值观能够防范这类风险吗？事实上，大众汽车只是理论上的家族企业，因为这个家族企业有两个家族——保时捷（Porsche）和皮耶希（Piech）。2009 年，保时捷公司获得了该集团的多数股份。因此，这两个家族虽然收购了大众，但其实它们并不是公司的创建者。当然，20 世纪 30 年代，第一代甲壳虫汽车确实是由汽车工程师费迪南德·保时捷（Ferdinand Porsche）设计的，但大众汽车公司是由德国政府创建的。

大众汽车公司作为一家德国国有企业，工会拥有巨大的影

## 第七章 企业可持续性的传承思维

响力。但它并不是一个家族企业。要想成为名副其实的家族企业，家族和公司必须拥有共同的传统。一家公司是无法用金钱买到家族企业文化的。企业文化的培育只能靠悠久的经营历史。只有稳定的企业文化和价值观才能避免一个大规模的组织为了获得竞争优势而道德失范。

相反，我们看到的是，大众汽车的战略并不是典型的家族企业战略。它们想成为规模最大的公司，想击败丰田汽车（TOYOTA）。大众汽车的高管层在德国工业界享有最高的薪酬，意在激励他们为业界的统治地位而战。所有这些都不是家族企业真正的战略观。家族企业应该是"隐形冠军"，它们不想成为全球最大的企业，它们只想成为全球最佳的企业。而"最佳"则是建立在长期经营赢得的声誉基础之上的。只有当企业不会因为做错事而有损声誉时，一个家族才会将自己的姓氏赋予企业。

此外还有一个问题需要引起我们的关注，因为它也是家族企业面临的危险，那就是：权利集中在一人之手。我们都知道，大众汽车前董事长费迪南德·皮耶希（Ferdinand Piech）和马丁·文德恩（Martin Winterkorn）博士运营公司时，他们就像是公司的"主人"，当然有些家族企业的所有者也会这么做。但是，他们两位并没有像企业真正的"主人"那么做，真正家族企业的所有者不会损害家族的声誉。"尾气排放门"事件后，经过一段时间的犹豫，文德恩博士辞去了 CEO 一职，当然，他也不得不这么做。

# 第八章
# 长寿的德国家族企业

## 一、德国经济的支柱——结构多样化的家族企业

在德国某个城市,街角那家三人烘焙店与大众汽车有个共同点:两者都是家族企业。不过,可以从一个基本特征将两家公司区别开来,即它们具有不同的规模。

美国拥有大量大规模的跨国上市公司,与美国不同的是,德国企业的结构则更为多样化。尤其是德国家族企业,它们的范围涵盖了从微型企业到市值数百亿元的企业集团。而企业的组织结构和管理实践所面临的挑战,随家族企业规模的不同而不同。家族企业作为一个整体,其经营策略与规模并没有直接的关系。虽然一般的商业管理理论经常会区别对待规模不同的企业,并根据公司的规模给出不同的战略建议,然而,在研究家族企业时,不同规模等级的企业在研究结果上很少出现差异。

因此,我们以在德国最重要的家族企业为考察对象,从数据中考察德国家族企业的结构和分布。分析的基础数据来源于德国《10 000家最大家族企业名录》,这些数据是专门为一家名为"德国经济"(The German Economy)的咨询机构提供的。

## 第八章 长寿的德国家族企业

在本书中，我们把家族企业定义为，由一个或多个德国家庭在其中拥有支配地位的企业。一般说来，家庭至少拥有51%的财产份额；如果是上市公司，他们则拥有25%以上的股权。

德国学者常常以不同的方式区分企业的规模等级，因此，企业的分类标准是多样的，比如，可根据企业是由所有者主导，还是由管理层主导划分；也可能会依据数量标准进行区分，如企业的员工数量或营业额；还有依据《德国商法典》中的法律规定、各类研究机构如"德勤中等企业研究所""中等企业研究院"的数据，以及欧盟的数据作为分类标准。我们同时采用了《德国商法典》第267条和德勤中等企业研究所的定义。

根据《德国商法典》，企业的最低营业额标准为1 200万欧元。在《10 000家最大家族企业名录》中，德国公司的营业额从1 200万欧元到2 310亿欧元不等。营业额最高的家族企业是大众汽车公司，营业额为2 310亿欧元，营业额最小的公司是巴伐利亚自由州的一家玩具制造商。

表8.1的数据显示，96%的中小企业是德国企业重要的组成部分，这些企业提供了410万个就业岗位，营业总额达到了约8 800亿欧元。其余的4%的大集团营业总额为1 300亿欧元，就业岗位约为590万个。

表8.1 德国家族企业的规模分类

| | 小公司 | 中型公司 | 大公司 | |
|---|---|---|---|---|
| 规模等级（欧元） | 1 200万—4 000万 | 4 000万—6亿 | 6亿—10亿 | 超过10亿 |
| 百分比（%） | 38 | 58 | 2 | 2 |

（续表）

|  | 小公司 | 中型公司 | 大公司 | |
| --- | --- | --- | --- | --- |
| 公司数量（个） | 3 800 | 5 900 | 185 | 232 |
|  | 占公司总数的96%<br>410万个工作岗位<br>营业总额8 800亿欧元 | | 占公司总数的4%<br>590万个工作岗位<br>营业总额1 300亿欧元 | |

**两百多家规模数十亿欧元的企业归家族所有**　通过对DAX30指数企业的对比，我们更容易为两百多家规模数十亿欧元的家族企业分类。分析表明，规模超过10亿欧元的非家族企业共有83家。与之相比，规模超过10亿欧元的家族企业则多达232家。

分析结果表明，大型家族企业的数量是大型上市公司数量的3倍。如果你将注意力聚焦于DAX30指数公司便会发现，7个成分股均为家族企业：大众汽车、宝马汽车、费森尤斯（Fresenius）、汉高（Henkel）、费森尤斯医疗（Fresenius Medical Care）、海德堡水泥（Heidelberg Cement）和默克（Merck）。从营业额来看，德国证券交易所是DAX30指数成分股中最小的公司，该公司年营业额为29亿欧元。在232家规模数十亿欧元的家族企业中，71家公司的规模超过29亿欧元（见图8.1）。如果再将23家市值超过10亿欧元的非家族企业上市公司，与71家营业额超过29亿欧元的家族企业上市公司比较，我们会发现，即便在大型企业中，家族企业的优势也很明显：价值数十亿欧元的企业有约75%是家族企业。

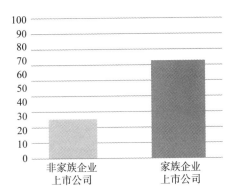

**图 8.1 市值超过 10 亿欧元的家族企业上市公司和非家族企业上市公司数量对比**

德国的一家啤酒厂创建于 1160 年。如今,这家拥有 80 名员工的企业的营业额约为 2 000 万欧元。而最年轻的企业是位于威斯特伐利亚州、创建于 2014 年的烘焙连锁店卡尔(Karl),该公司的营业额约为 2 500 万欧元,拥有 490 名员工。

从大约 6 500 家营业额超过 4 000 万欧元并有创建年份记录的公司(占全部企业的约 91%)中,我们可以从表 8.2 中看到德国家族企业的格局:

**表 8.2 德国家族企业创建时间和数量**

| 创建时间 | 数量 |
| --- | --- |
| 1800 年之前创建 | 约 120 家 |
| 1801—1850 年创建 | 约 215 家 |
| 1851—1900 年创建 | 约 874 家 |
| 1901—1950 年创建 | 约 2 089 家 |
| 1951—2000 年创建 | 约 2 487 家 |

这样一个家族企业创建年代明细表，会让我们想到，每年要出现多少出色的商业模式，才能确保德国家族企业可以在长达100年的时间里存活下来。

德国家族企业的模式是丰富多彩的，既有拥有百年历史的啤酒厂、三人烘焙店，也有产品出口全球、价值高达数十亿欧元的公司。每一家企业都由家族掌控，公司的规模不同，其战略行为也不同。可以确定的是，家族企业的定义应该扩展，不能仅凭经营规模对其进行划分。

这个跨越了几个世纪发展而成的家庭企业格局，表明了税收——遗产税和财产税等——有多么重要，与英国、法国和美国不同的是，德国的这些税收并没有摧毁大批家族企业。因此，很多国家的政治家和研究人员对德国的家族企业赞叹不已，并将其称为"欧洲的增长引擎"。

## 二、德国家族企业的成长与长寿

我们在前文已经探讨过，公司要取得良好的发展，三个最关键的因素是：

- 可持续的商业模式。
- 令人满意的盈利率。
- 足够的增长率。

那么，接下来的问题就是：多高的增长率是可能实现的？多高的增长率是企业长寿所必需的呢？基于这些问题，我们对德国最大的家族企业的历史业绩进行了分析，我们的关注重点

## 第八章 长寿的德国家族企业

是这些公司在其生命周期中的增长过程和增长率。

我们根据2010年德国公司的收入和员工数量,选取了德国500强家族企业,从中去除了金融机构、服务公司和零售商,最终保留了368家工业企业的样本。需要说明的是,为了确保这项研究的可行性以及结果的可信度,在我们选取的样本中,所有企业都是德国公司,它们都在同一个国家的经济区域内运营,以确保外部的运营条件基本相同①。

在我们的数据中,德国最古老的公司成立于1530年,是一家拥有五百年左右历史的公司;总共有15家家族企业成立于18世纪或更早的时候;在368家大型德国家族企业中,有115家从19世纪一直经营到现在;成立于20世纪的238家德国企业中,就总销售额而言,其中的大多数到2010年已经成长为德国500强的家族企业。罗伯特·博世有限公司成立于1886年,2010年的总销售额超过470亿欧元。从第二次世界大战到1950年,有24家公司开始在德国提供与它们类似的产品和服务,而创立于1921—1930年的公司总数为40家,另外还有10家公司成立时间不到30年,只占我们研究的家族企业数量的2.7%(截至2010年)。

要想在2010年成为德国最大的500家家族企业之一,公司必须在其发展历程中保持适当的增长率。但自公司成立开始,为了达到2010年的总销售额目标,公司需要将增长率保持在什

---

① 大部分德国家族企业是跨国经营的,而其在全世界的组织机构往往也是基于德国的法律架构来开展经营活动。所以,数据中也包括了这类家族企业的一些海外员工。

么样的水平上呢？家族企业的长期年增长率究竟可以达到多高？这样的增长率有什么战略含义呢？我们希望通过这次研究找到答案。

为了更好地理解家族企业及其具体特征，应该从长远的视角审视家族企业的成长过程。为了便于量化和长期比较，我们采用了复合年增长率（compound annual growth rate，CAGR）的方法，将研究对象定为非常成功的德国工业企业群体。在统计调研中，德国家族企业呈现出以下几方面的特点：

**（一）增长率随着公司年龄的增长而下降**　首先，我们对全部样本公司的数据进行比较发现，最大的家族企业并不是最古老的家族企业。因此，即使是一些较年轻的公司也已经达到了惊人的规模，而企业平均增长率之间的差异可能会非常大。我们分析的全部368家德国家族企业的复合年增长率，平均值为9.41%，中位数为7.98%。

总共有16家公司——占我们分析的所有公司的4.4%——实现了20%以上的增长率，它们都成立于1971年之后。

与这16家公司相比，长期增长率最低的16家公司的增长率从2.62%到4.22%不等，远在20世纪之前它们就开始了它们的业务。从这些数据可以推断：无论从长期来看，还是从平均而言，增长率都会随着企业年龄的增长而下降。

**（二）成为大规模公司的途径不止一条**　下一步，我们对25家最大的家族企业进行分析，并与样本中25家最小的企业进行比较。表8.3列出了2010年总销售额最高的25家公司及其增长率。

表 8.3 样本中 25 家最大家族企业的增长率

| 序号 | 家族企业 | 成立年份 | 2010 年总销售额（百万欧元） | 复合年增长率（$t_0$+3; 2010） |
|---|---|---|---|---|
| 1 | 罗伯特·博世有限公司（Robert Bosch GmbH） | 1886 | 47 259 | 9.98% |
| 2 | 弗朗茨海涅尔集团（Franz Haniel & Cie. GmbH） | 1756 | 27 432 | 5.34% |
| 3 | 贺利氏集团控股股份有限公司（Heraeus Holding GmbH） | 1851 | 22 025 | 7.53% |
| 4 | 汉高股份有限及两合公司（Henkel AG & Co. KGaA） | 1876 | 15 092 | 8.38% |
| 5 | 马夸德·巴尔斯股份有限公司（Marquard Bahls AG） | 1947 | 12 588 | 16.49% |
| 6 | 勃林格股份有限公司（C. H. Boehringer Sohn AG & Co. KG） | 1885 | 12 586 | 8.73% |
| 7 | 舍佛勒集（INA-Holding Schaeffler GmbH & Co. KG） | 1946 | 9 500 | 15.71% |
| 8 | 欧特家博士食品公司（Dr. August Oetker KG） | 1891 | 9 457 | 8.84% |
| 9 | 雷特曼集团（Rethmann AG & Co. KG） | 1934 | 9 300 | 13.26% |
| 10 | 默克集团（Merck KGaA） | 1827 | 9 290 | 6.21% |
| 11 | 阿道夫伍尔特有限公司（Adolf Würth GmbH & Co. KG） | 1945 | 8 633 | 15.29% |
| 12 | 本特勒集团（Benteler AG） | 1876 | 6 105 | 7.64% |
| 13 | 可耐福公司（Knauf Gips KG） | 1932 | 5 500 | 12.16% |

(续表)

| 序号 | 家族企业 | 成立年份 | 2010年总销售额（百万欧元） | 复合年增长率（$t_0$+3; 2010） |
|---|---|---|---|---|
| 14 | 科德宝集团（Freudenberg & Co. KG） | 1849 | 5 481 | 6.51% |
| 15 | 马勒公司（Mahle GmbH） | 1920 | 5 261 | 10.60% |
| 16 | 福伊特集团（Voith AG） | 1867 | 5 198 | 7.12% |
| 17 | 亚历山大·瓦克博士家族有限公司（Dr. Alexander Wacker Familiengesellschaft GmbH） | 1914 | 4 748 | 9.88% |
| 18 | 梅尔松根贝朗公司（B. Braun Melsungen AG） | 1864 | 4 423 | 6.88% |
| 19 | 欧洲服务有限公司（DKV Euro Service GmbH & Co. KG） | 1934 | 4 321 | 12.09% |
| 20 | 通内斯肉联集团（B. & C. Tönnies Fleischwerk GmbH & Co. KG） | 1971 | 4 300 | 23.65% |
| 21 | 斯科尔茨公司（Scholz AG） | 1872 | 4 000 | 7.12% |
| 22 | 达克斯股份有限公司（Dachser GmbH & Co. KG） | 1930 | 3 800 | 11.35% |
| 23 | 克诺尔集团（Knorr-Bremse AG） | 1905 | 3 700 | 8.87% |
| 24 | 埃纳康公司（Enercon GmbH） | 1984 | 3 570 | 36.47% |
| 25 | 海拉公司（Hella KGaA Hueck & Co.） | 1899 | 3 550 | 8.41% |

数据显示，这25家公司成立于1756—1984年，企业的平均年龄为112.56岁。此外，其中有12家公司在其整个存续期间的年均复合增长率超过了全部样本公司的平均值9.41%。它们作为德国最大的公司，发展过程中两条不同的路径值得关注，即短期内的高增长率和长期的中等增长率。

对于较年轻的公司来说，增长率之间的差异更大。其差异随着企业年龄的增长而变小，意味着企业的发展趋于稳定。

结果显示，即使是一家较为年轻的公司，也有可能成为大型家族企业的市场引领者。1971年成立的通内斯肉联集团和1984年成立的埃纳康公司的总销售额分别为43亿欧元和35.7亿欧元，二者之和约等于1934年成立的欧洲服务有限公司和1905年成立的克诺尔集团两公司总销售额之和，这两家公司的销售额分别为43.21亿欧元和37亿欧元。但必须注意的是，年轻公司的增长率也可能随着年龄的变化而变化。因此，能否长期保持两位数的增长是不确定的。

与最大公司相比，样本中25家2010年总销售额最低的家族企业自成立以来的平均增长率较低（见表8.4）。这些企业的平均年龄为106.28岁，其中只有4家家族企业的平均增长率高于9.41%的平均值。在这部分样本中，年轻公司的平均增长率也高于年长公司。此外，对于总销售额最低的家族企业来说，增长率的变化随着企业年龄的增长而减小。

可以说，企业的年龄和高增长率会使家族企业增长到很大规模。此外，高增长率似乎主要是由较年轻的公司实现的，企业随着年龄的增长，增长率会下降到一个更稳定的水平。但对于

表 8.4 样本中 25 家最小家族企业的增长率

| 序号 | 家族企业 | 成立年份 | 2010年总销售额（百万欧元） | 复合年增长率（$t_0+3$；2010） |
|---|---|---|---|---|
| 344 | 维尔丁股份有限公司（C. & A. Veltins GmbH & Co. KG） | 1824 | 268 | 4.11% |
| 345 | 冈瑟家族股份有限公司（Gunther Reh AG） | 1920 | 267 | 6.92% |
| 346 | 新美乐股份有限公司（Simona AG） | 1857 | 267 | 4.67% |
| 347 | 莱芬豪舍集团控股有限公司（Johannes Reifenhauser Holding GmbH & Co. KG） | 1911 | 266 | 6.41% |
| 348 | 新多林特股份有限公司（Neue Dorint GmbH） | 1959 | 265 | 11.33% |
| 349 | CHT贝尼玛有限公司（CHT/Bezema-GmbH） | 1953 | 265 | 10.22% |
| 350 | 莫迪维克西普哈根牧勒股份及两合公司（Multivac Sepp Haggenmuller GmbH） | 1961 | 262 | 11.74% |
| 351 | 阿博格股份有限公司（Arburg GmbH & Co. KG） | 1923 | 260 | 7.08% |
| 352 | 莱斯特瑞兹公司（Leistritz AG） | 1905 | 260 | 6.10% |
| 353 | 汉堡工业品有限责任公司（Hamberger Industriewerke GmbH） | 1866 | 260 | 4.84% |
| 354 | 普芳雷登特股份有限公司（Pluradent AG & Co. KG） | 1915 | 256 | 6.58% |
| 355 | 赫尔斯塔股份有限公司（Hulsta-werke Hulas GmbH & Co. KG） | 1940 | 254 | 8.45% |
| 356 | 弗里德里希·祖法尔股份有限公司（Friedrich Zufall GmbH & Co. KG） | 1928 | 254 | 7.40% |

第八章 长寿的德国家族企业

(续表)

| 序号 | 家族企业 | 成立年份 | 2010年总销售额(百万欧元) | 复合年增长率($t_0+3$；2010) |
|---|---|---|---|---|
| 357 | 阿盖尔机械制造有限公司（Allgaier Werke GmbH） | 1906 | 254 | 6.12% |
| 358 | 舍特巴赫曼有限公司（Scheidt & Bachmann GmbH） | 1872 | 254 | 4.97% |
| 359 | 布勒博士机械制造股份有限公司（Optima-Maschinenfabrik Dr. Buhler GmbH & Co. KG） | 1922 | 252 | 6.97% |
| 360 | 弗兰科希管道工程股份有限公司（Fränkische Rohrwerke Gebr. Kirchner GmbH & Co. KG） | 1906 | 252 | 6.11% |
| 361 | 阿勒斯公司（Ahlers AG） | 1919 | 251 | 6.78% |
| 362 | 罗勒斯·奥伯拉肯技术有限公司（Agrarfrost GmbH & Co. KG） | 1967 | 250 | 13.17% |
| 363 | 罗斯勒·奥伯拉肯技术有限公司（Rösler Oberflächentechnik GmbH） | 1933 | 250 | 7.77% |
| 364 | 宝芳集团（Bauerfeind AG） | 1929 | 250 | 7.45% |
| 365 | 约翰·温克霍夫股份有限公司（Joh. Winklhofer GmbH & Co. KG） | 1916 | 250 | 6.60% |
| 366 | 哈西亚饮料集团（Hassia Mineralquellen GmbH & Co. KG） | 1864 | 250 | 4.77% |
| 367 | 德维利控股有限公司（Develey Holding GmbH & Co. Beteiligungs KG） | 1845 | 250 | 4.39% |
| 368 | 布廷恩有限责任公司（H. Butting GmbH & Co. KG） | 1777 | 250 | 3.56% |

家族企业来说，哪种增长方式更适合呢？家族企业的增长率是否有限度呢？

**（三）"增长通道"的上限和下限**　　为了进一步分析企业的增长规律，我们将1841—1980年成立的德国家族企业划分为每10年为一组的数个年龄组。另外两组是成立于1841年之前和1980年之后的企业。然后，根据公司平均增长率从最高到最低的顺序对这些公司排名①，见表8.5。这一分析有助于找到增长率的上限和下限，从而为家族企业的战略目标制定提供支持。

平均增长率的上限和下限随着各年龄组企业的年龄降低而不断增加。在三个年龄组"1851—1860""1881—1890""1941—1950"中可以发现增长上限的三个小例外，不过数字有上升的趋势。同样，当观察平均增长率时，这种趋势也可以得到证实。

此外，随着企业年龄的降低，增长率上下限的差距也在扩大，从"1841—1850"年龄组的2.12%扩大到"1971—1980"年龄组的10.14%。从创建于1971年之后的年龄组来看，这些家族企业的增长率从16%左右提高到了40%左右，因此，这些年轻的企业现在已跻身德国的大型家族企业之列。不过以10%—15%这种更温和的增长率增长，也可以让它们在500强中占有一席之地。在这些组别中，增长率较高的小公司成立的时间较晚，否则它们可能会达到更大的规模。

---

① 选择10年的时间跨度，是出于对不同世代家族企业的考虑。一代人掌管企业的时间应该为多少年？不同领域的学者对这一问题的解读也不同。大多数研究认为25—35年为佳。因此，本书中出于方便计算目的，设定一代人掌管企业30年。

表 8.5 各年龄组企业复合年增长率的限度

| 成立年份 | 1841年以前 | 1841—1850 | 1851—1860 | 1861—1870 | 1871—1880 | 1881—1890 | 1891—1900 | 1901—1910 |
|---|---|---|---|---|---|---|---|---|
| 公司数量（个） | 28 | 10 | 11 | 17 | 23 | 19 | 24 | 25 |
| 复合年增长率上限 | 6.21 | 6.51 | 7.53 | 7.12 | 8.38 | 9.98 | 8.84 | 8.87 |
| 复合年增长率下限 | 2.62 | 4.39 | 4.67 | 4.77 | 4.97 | 5.45 | 5.71 | 6.10 |
| 平均复合年增长率（%） | 4.21 | 5.11 | 5.51 | 5.52 | 5.91 | 6.43 | 6.83 | 7.22 |
| 成立年份 | 1911—1920 | 1921—1930 | 1931—1940 | 1941—1950 | 1951—1960 | 1961—1970 | 1971—1980 | 1980年以后 |
| 公司数量（个） | 29 | 40 | 33 | 32 | 30 | 23 | 14 | 10 |
| 复合年增长率上限 | 10.60 | 11.35 | 13.26 | 15.49 | 15.40 | 18.07 | 26.54 | 40.43 |
| 复合年增长率下限 | 6.47 | 6.97 | 7.77 | 9.49 | 10.20 | 11.74 | 16.40 | 22.61 |
| 平均复合年增长率（%） | 7.98 | 8.26 | 9.68 | 11.19 | 12.05 | 14.78 | 19.91 | 31.63 |

我们可以认为，家族企业在成立后的 60 年里，也就是公司在第一代和第二代手中时，只能以 17% 左右的速度持续增长。似乎只有在第一代人（1980 年以后成立的企业）和第二代人开始执掌企业的时候才能达到 20% 及以上的增长率。

从成立于 1901—1910 年的 25 家企业来看，我们可以认为，没有一家德国家族企业在 100 年的经营活动中能实现总销售额 10% 以上的复合年增长率。或许，那些目前增长率高达 10% 的年轻公司能够在 100 多年的时间里不断提升增长潜力，但内外部因素可能会随着时间的推移而发生变化，因此，从长期来看，年轻企业的增长率仍有提高空间。

成立于 1891—1900 年的 24 家家族企业的年平均增长率介于 5.71%—8.84%，欧特家博士食品公司和西奥穆勒集团有限公司（Unternehmensgruppe Theo Müller GmbH）等公司已达到入选德国 500 家最大家族企业的规模。在这个年龄组中，长期增长率微小差异的影响同样很明显。截至 2010 年，海特坎普控股有限公司（Heitkamp BauHolding GmbH）的年增长率为 5.71%，2010 年的总销售额为 3 亿欧元；欧特家博士食品公司 2010 年的总销售额为 95 亿欧元，年增长率高达 8.84%。

而对于罗伯特·博世有限公司来说，尽管已有一百多年的发展历史，但得益于 9.98% 的高增长率，2010 年，博世公司仍以 473 亿欧元总销售额位居德国最大的家族企业之首。而它所在的"1881—1890"这一年龄组，其增长上限与这一组别中 6.43% 的平均增长率存在较大差距，可见博世公司在如此长的时间跨度内表现依旧很卓越。然而，下一个年龄组，也就是

"1871—1880"年龄组证明,即使家族企业的增长率较温和,介于5.0%—8.4%,家族企业也可以成为市场的主要参与者。汉高股份有限及两合公司成立于1876年,是全球家居护理和个人护理业务领域的领先公司之一,2010年,总销售额约为150亿欧元。

即便是福伊特集团和贝朗医疗有限公司等历史更悠久的家族企业,2010年也实现了数十亿欧元的总销售额,分别为52亿欧元和44亿欧元,两公司分别拥有144年和147年的历史,年平均增长率分别为7.12%和6.88%。然而,即使像成立于1864年的哈西亚饮料集团那样,以4.77%的年增长率增长,也能成为德国500强家族企业之一。

一些成立于1861年之前、拥有160多年历史的公司,如今的规模已经大到入选德国DAX30指数股的程度,譬如贺利氏集团控股股份有限公司(成立于1851年),2010年的总销售额为220亿欧元,增长率为7.53%;默克集团(成立于1827年),2010年的总销售额为93亿欧元,增长率为6.21%。作为德国第五大公司,弗朗茨海涅尔集团从1756年以来,一直以5.34%的增长率增长,2010年的总销售额为274亿欧元。从这些家族企业可以看出,只要家族企业能够长时间存续下来,即便以5%—7.5%的温和增长率成长,公司的规模依然可以变得非常庞大。

一家成立于1801—1850年的公司,要想成为德国500强家族企业之一,需要达到4%以上的复合年增长率。但也有例子表明,"朝代计划"(dynastic project,家族企业持续存在的计划)

可以成功延续 16 代以上。

**结论** 无论是观察组织行为理论的进化过程，还是自然科学的进化过程，都有一个显而易见的结论：公司的增长会随时间而放缓。

因此，可以说家族企业也受制于企业生命周期规律，但是如果与"朝代计划"相结合，似乎有可能将这一周期延长到几代人。这一结论意味着企业必须制定措施来遏制"老龄化"的进程。对德国 500 家最大家族企业的分析表明，多年来的先进生产力促进了生产率的提高，并使生产率高于生存所必需的水平。但是，增长率水平会对企业产生长期影响——即使是很小的增长率差异也会随着企业年龄的增长而对其产生巨大的影响。

在家族企业的安全战略中切实考虑这些影响，可以让企业在最大的家族企业群体中占据一席之地，并实现家族企业的可持续发展。

## 三、德国长寿企业的成功因素

的确，德国是人力成本最高的国家之一，仅次于瑞士和瑞典等国家，但德国的人均产出水平是最高的。这是因为，对于德国公司来说，它们有很多选择和方式来降低生产成本，比如：从东欧的供应商或自己设在东欧的子公司处采购材料，众所周知，波兰、匈牙利和其他东欧国家的材料成本很低，与中国的价格水平相比是有竞争力的；总部位于德国的公司还可以在其主要出口市场建立生产工厂。我们试图超越通常意义下的地域经济因素的范畴（如工资、税收等），立足于一家企业高层管理团队的角度，假设该企业活跃在工业化国家的所有主要地区，对德国企业进行分析解读。

**德国工程设计产品＆产业集群区域**　德国是一个高度工业化的国家，这是不争的事实。在德国就业人口中，工业的从业人员比例相对较高，占4 400万就业人口的近20%。考虑到较高的生产率，工业产品在国内生产总值中所占的比例甚至更高，约为25%。其中，对工业部门做出贡献的主要行业包括：

- 汽车工业
- 与汽车和供应商公司有紧密联系的机床工业和设备制造行业
- 化工行业
- 电子产品行业

这四个行业之所以重要，不仅是因为它们在德国有很大的业务规模，还因为德国在这些行业中的龙头企业也是全球市场上的领先者。

同时，我们也可以看到，在全球市场上还有一些德国并不占领先地位的领域，如金融行业、时尚、服装、电子硬件和软件行业。从工程产品来看，德国企业在B2B领域和汽车市场都很强大，而这些行业主要提供的是"工程设计产品"。所谓"工程设计产品"，是指由工程师（而非艺术家）设计，根据客户的广泛需求生产制造，并且在制造过程中，对产品质量严加把控。

"资源决定论"（resource-based view）① 这一现代战略分析方法表明，一个公司的成功取决于其特定的资源。这个原则也适用于由企业集成的经济环境及其各个行业。其中，成功行业必需的人力资源取决于当地工程学科和自然科学的发展情况。

德国公司生产的"工程设计产品"及其改造应用型产品，都是由技能水平较高的工人完成制造和组装的。这些工人在德国的职业培训体系下接受教育、培训后进入社会。德国西部和南部地区是这些"工程设计产品"相关产业的集聚地，这些地区为产业集群所需的特定资源提供了支持。从更大的产业集群范围而言，德国与意大利北部、法国东部、捷克和奥地利等邻近地区一起，形成了世界上独一无二的产业集群。可以说，世界上任何一个大型工业中心所需的原材料和设备都可以在这个地区找到。

**优秀的教育和职业培训体系** 一直以来，德国有这样一个传统：成绩排名前5%的学生都会攻读博士学位，而为了撰写博士论文，他们需要再花三年时间从事研究工作。同时，在德国，相应的教育开支是每个有才华的学生都能负担得起的。

值得一提的是，德国对于技术工人的培养体系独具特色。在德国，一个学生要经过三年的职业培训后，才能成为一个熟练工人，这就是"双元制职业培训"（dual vocational training）。所谓"双元制职业培训"，是指凡接受九年普通义务教育后不再升学的青年，就业前都必须接受三年职业义务教育。因为这项

---

① WRIGHT P M, DUNFORD B B, SNELL S A, 2001. Human resources and the resource based view of the firm [J]. Journal of Management, 27 (6): 701-721.

职业培训是由私立的企业和公立的职业学校联合开办,故名"双元制"。

我们已经反复强调过,"双元制职业培训"不仅对一般技能水平的劳动力有重要意义,而且对高技能水平劳动力也具有重要意义。一个熟练工进入其职业生涯后可以成为"高级技师"(master)。但在这一过程中,他需要进一步学习技术和工商管理的课程。在德国,高级技师素质水平很高,备受尊敬。通常,高级技师也会接受工程学方面的高等教育。

因此,如果说德国政府确实对企业提供了支持,那就是用上述的这些方式,其中重点的支持对象就是私营企业和家族企业。此外,德国还有很多为中小型企业提供日常经营支持的机构和组织,值得一提的是德国复兴信贷银行(Kreditanstalt für Wiederaufbau,KFW),这是一家政府所有的政策性银行机构,该机构管理着与大中型家族企业有关的各种融资项目。

在德国,工会的存在无疑是促进德国工业发展的一个积极因素。传统上,德国的工会致力于维护工人的利益,尤其是技术工人的利益。第二次世界大战后,德国工会几乎完全是按企业组建的。其结果是,每个公司都有一个强大的工会,而这个工会致力于帮助工人实现实际工资增长,并获取其他福利。因此,他们也认为提高生产率是必不可少的,并会推行提高生产力和全面降低成本的措施。

**德国企业追求可持续性和适应性而非革命性**　在德国,私营公司的资金来源于股东权益(即留存利润)和银行贷款。与美国或英国相比,在德国,股票市场和债券市场融资的重要性要小得多。

如果我们进一步研究美国经济的发展方式，就会发现它更像是一种彻底变革的模式。在美国，工业公司的所有权主要掌握在股票市场的投资者手中。如果一家企业陷入了战略困境，投资者就会抛售手里的股票。随后公司要么被合并，要么倒闭。在美国，钢铁和造纸等古老行业早已不再受投资者青睐，正在不断衰退。这种情形被认为是正常和合理的，因为这可能是新兴产业崛起的先决条件。

而在德国，这些现象并不存在。德国企业的发展与美国企业完全不同。首先，在德国，被广泛持股的上市公司通常只是少数超大型企业。其次，由于种种原因，家族公司对其原来的行业都有着更高的忠诚度。其原因在于，第一，这样的企业没有足够的资金进行全面收购；第二，家族企业所有者不太可能会将其大部分财富投资于他们不熟悉的领域。

随之形成的模式是，即使是老牌公司，都自始至终拥有深厚的技术基础。但至关重要的一点是，为了实现技术的可持续性，需要应对不断变化的挑战，并把握新机遇。适应性通常建立在新技术推动的内部有机发展基础之上，更多的是一种渐进的演变过程。对于德国企业而言，如果出现这种机会，就会进行必要的投资，而不去计算投资回报率。

同时，德国企业专有技术的不断更新，还得到了关系紧密的大学网络的支持。在德国，除了大学之外，还有专门从事研究的机构：马克斯—普朗克研究院（Max Planck Institutes）从事各种基础研究；弗劳恩霍夫研究院（Fraunhofer Institutes）是与工业企业联合开展应用型研发项目的研究中心；赫尔姆霍尔兹学会（Helmholz Society）还组建了各种专门研究机构……德国用于军事基础研究的预算可能比美国要少，但在致力于产业研究的研究人员数量和用于产业研究的预算方面，德国肯定超过了大多数其他国家。

**德国企业家精神**　可以说，德国企业始终致力于可持续性和适应性的平衡，以及开发和探索的平衡。在对德国企业家精神的研究中，我们发现德国企业家关注的两个基本方向：

一是特定商业活动的盈利潜力，如"股东价值原则"（shareholder-value-doctrine）要求的商业活动；

二是探索全新的机会，比如通过创业活动来争取成为大型"独角兽"企业。

德国家族企业正在加强其成功业务板块的连续性。当然，这种连续性不是受利润驱动的，而是受对卓越和稳定的追求驱动的。过去，大多数工业部门都能将这一战略与技术升级和应用探索结合起来。将这两种能力结合起来，才能把握好方向和时机。

## 四、德国五大协会——工匠精神的摇篮

中国访客常常对德国企业家和家族企业所有者加入的各种协会很感兴趣。这类协会中，有传统机构，也有新组建的组织；有的协会必须加入，有的则是自愿加入。在德国主要有五种协会组织，分别是：辅助性政府机构，比如德国工商会（The Chamber of Industry and Commerce）；由特定行业的公司组建的行

业协会；专注于社交活动和为同道提供会面机会的协会；重在分享经验和了解研究成果的协会；在公共领域代表家族企业及其所有者利益的协会。

德国工商会是历史比较悠久的机构，德国汉堡在中世纪就有了"荣誉商人协会"（Association of Honorable Merchants）。第一个现代工商会成立于1840年。现在的法律规定，每家企业都必须成为当地商会的会员。德国工商会代表公司的利益，它们是中小企业组织的基础，同时代表中小企业的利益。这些商会在"双元制职业培训"系统中扮演着至关重要的角色，这个培训系统是德国工业毋庸置疑的重要优势。该培训系统可以为几乎所有的企业活动提供各种培训课程，比如创业、会计、营销等，它们甚至还为小企业的数字化提供咨询服务。另外，所有全国性德国商会都有一位与政府机构、工会和其他利益相关组织接洽的代表。

此外，德国有很多企业自愿加入的行业协会。几乎所有开展工商业活动的企业都是这种协会的会员。德国很多著名的隐形冠军企业就是"德国机械制造和工程公司协会"（Association of German Machine Building and Engineering Companies）的会员。从根本上来说，该组织是一个服务性组织，协会通过大范围的出版活动、经验交流活动和培训项目为其会员提供服务。

全国性的行业协会也是其成员企业利益的游说团体。主要行业均有这类协会，比如汽车行业、土木建筑行业、电气工程和设备行业和钢铁行业等。协会会为各自技术领域的标准化工作提供建议。对于行业协会来说，平衡行业内的小企业会员和大公司会员之间的利益是一项艰巨的工作。比如说，汽车工业

## 第八章 长寿的德国家族企业

协会的会员既有大型汽车制造商，也有大型汽车制造商的小规模供应商。德国的全部行业协会构成了德国工业协会。

地区性协会的会员一般是中小企业，还有一些协会是专注于家族企业的。另外，还有一种会议只为业界同道提供聚会和分享经验的平台。说到分享经验和了解最新研究动态，我们不得不提到两所在家族企业研究中居于领先地位的大学：维藤/黑尔德克大学（Witten/Herdecke University）和腓特烈港的齐柏林大学。此外，还有一些服务性组织也会邀请该领域的教授和业界人士协同工作，其中的一个组织叫"所有者论坛"（Owners Forum），经常在中东、印度和中国举办会议。

分享经验最重要的全球性组织非"国际家族企业协会"（Family Business Network，FBN）莫属，只有家族企业的股东才能成为该协会的会员。国际家族企业协会德国分会创建于1990年，由约260家公司的600位个人会员组成，其中包括330位长辈和他们的270位后代。国际家族企业协会德国分会是国际家族企业协会最大的分会之一。国际家族企业协会在全球拥有3 000个活跃的公司会员和约9 000位个人会员。中国的家族企业所有者可以成为国际家族企业协会亚洲分会（FBN Asia）的会员。国际家族企业协会亚洲分会成立于2008年，目前在七个国家（新加坡、马来西亚、印度尼西亚、中国、菲律宾、越南和斯里兰卡）设有办事机构。截至2010年，亚洲分会共拥有70位会员。各国分会会组织会议、拜访家族企业，以及召开研讨会。

在德国，还有两个旨在维护家族企业公共利益的组织。其中一个是由中小企业构成的"家族企业所有者协会"（Association of Family Business Owners），另一个是为大公司服务的"家族企业基金会"（Foundation for Family Businesses）。后者每年召开年度会议，一线政府代表和党派领导人会在会议上发表主题演讲。基金会会委托权威的大学和研究机构开展研究项目，并据此扩大自己的政治影响力。该基金会每年会资助 12 个以上的这类研究项目，这些研究成果已经得到广泛认可。在德国，一所大学发布的研究成果比一个游说集团的新闻公告更具公信力。该基金会的主要议题有家族企业的税收事务（特别是遗产税）、全球化对家族企业的影响等。伴随着全球化加速，在境外开展业务和生活逐渐变得普遍，尤其是对于年轻一代来说。

总之，企业所有者可以参加的活动很多。家族企业所有者通过分享经验、思考自己面临的挑战可以获得信心和自豪感。各国政府也开始意识到，家族企业是宏观经济的重要基础。如今家族企业所有者的影响力已经可与大企业匹敌，他们发挥影响力的"杠杆"是他们作为所有者兼经理人（owner-manager）的身份特点。而且家族企业所有者中的女性比例远远超过上市大公司经理人中的女性比例。家族企业所有者的优势还在于其身份特点意味着他们比一般 CEO 掌管公司的时间更长。他们在管理中亲力亲为，对企业长期结果负责，因此，他们更容易取得员工信任。

## 五、德国家族企业为什么拒绝 IPO

研究认为，家族企业的特质之一，就是企业的所有者拥有"朝代心态"（dynastic intent）。他们希望开创并延续一种商业活动,使企业历久不衰,并让下一代人继续发展企业。那么,为什么有些家族企业的所有者会考虑通过首次公开募股(intial public offering,IPO)将企业的一部分在金融市场出售,或者将公司整体出售给某个投资者呢?

在德国,只有少部分家族企业会选择上市或者整体出售。我们分析了1971—2011年德国最大家族企业的发展情况:在这些公司,平均每年只有0.5%的企业被整体出售,而且这一数值在近几十年来一直在降低。此外,由家族创建的公司很少上市。通过考察有些家族企业被整体出售的原因,我们可以更好地理解为什么大部分企业没有考虑扩增股本的原因,主要有以下六点:

第一,企业所有者不再参股企业。在企业创始人的第二代、第三代和第四代后人中,可能会爆发降低家族成员凝聚力的冲突。如果持有较大份额股份(如30%以上股份)的股东将股份变现,企业很难为股份变现提供资金。这需要其余股东将自己的股份(甚至整个公司)进行抵押。假如企业其他股东的股份为70%,并将其全部抵押,那么,保守估计,他们可以募集到相当于自己持股价值50%的长期资金。这就意味着,他们只能为35%的股份变现提供资金。除了信用贷款以外,他们获得这么多贷款的难度可能会很大。为了弥补现金缺口,同时也为了收回抵押品,企业就需要扩增股本了,而这个过程则是通过IPO完成的。

第二,为支付遗产税募集资金。在德国,这项税赋大约相当于公司股份价值的30%。企业所有者只有将企业股份适时、逐步地转移给下一代，企业才能减轻这项税赋的财务负担。过去数十年里，德国政府一直在减轻遗产税，因此，这项税赋的存在已不再是企业上市的必要理由。不过，随着遗产税制度在德国的"复兴"，上市募资可能会再次成为一个必要的手段。

第三，为了投资多元化。对企业所有者而言，财富集中度过高会带来巨大的风险。随着企业的发展，大部分家族企业都想将公司内部的商业活动多元化。如德国历史悠久的家族企业哈尼尔集团（Haniel）和欧特克集团（Oetker）都是高度多元化的企业。有些企业会固守单一行业，如软件公司思爱普（SAP），该公司足以通过留存利润为企业的高速增长提供资金支持，所以，思爱普并不需要通过金融市场扩增股本。IPO 会稀释企业创始人的股份，他们的财富也会就此分散。

第四，将少数股份上市。在 30 年前，银行很推崇这一理念，但现在，将少数股份上市出售是家族企业的发展趋势。它们认为，只要家族企业所有者保留多数股份，就能像过去一样全资管理公司。但企业面对的现实问题更严峻。金融市场被严格监管，而股东有自身的权利。为了满足股东的预期，上市的家族企业必须让利润分配额超过以前企业只归家族所有的时候。作为多数股份拥有者的家庭成员是企业内部人士，而身为企业内部人士，他们却无法随时将所持股份变现，因为市场会将这种行为视为股价恶化的警示信号。今天，很少有家族企业采用 IPO 策略。

第五，引进战略投资者。家族企业扩增股本的第五个理由，是因为它们想通过让大公司进入家族企业的方式来加强战略合作。大部分这类合作项目最终都会导致家族企业一方不断受挫。大公司（如西门子）的加入，会让家族企业的所有者失去其独立性，这样的合作并不会产生他们想要的协同效应。我们有一份参与这类合作项目的德国家族企业名录，其中包括了18家企业，所有的合作均以家族企业的解体告终，家族企业为了重新获得独立领导权，而终止合作合同，并回购股份。值得注意的是，我们很少见到两家家族企业成功合并的范例，这与常见的规模相当的两家上市公司合并案例形成了鲜明的对比。就家族企业而言，合并可能会让双方都牺牲自己的独立性。所以，在考虑合并之前，一个企业所有者显然更愿意整体出售自己的公司。

第六，为了被高价收购。这类出售公司的行为通常是由一个看似非常诱人的收购出价触发的。为了进入德国市场，一些大型国际化公司会愿意出高价收购某个家族企业。家族企业所有者可能会认为这是个千载难逢的机会。仔细观察这些案例则会发现，诱人的收购出价只是最终卖掉公司的"引爆点"。家族内部的关系可能已经很紧张了；或者家族后代中没有能胜任的继承者；或者公司错失了某个技术创新的机会，且无法为技术赶超提供资金支持。若没有这些不利因素的影响，可能就不会导致最终的收购。

一般来说，很少有企业家能实现资金的成功再投资。当然只有极少的企业家拥有卓越的金融投资天赋，沃伦·巴菲特（Warren Buffett）之所以声誉卓著，就是因为他拥有这种罕见的才能。而普通的企业家需要面对的是整个行业不断萎缩、只有少数几家公司可以生存下去的成熟市场。应对这种局面只有两种策略：收购其他公司，或者将公司出售给市场领导者。

但现如今，初创企业有了更多的融资方式。如果一个人没有任何自有资金，只有一个出色的商业计划，那么，他要想创建一家企业，需要从一开始就得到第三方的资金支持。从根本上来说，这些初创企业就是为上市或出售而建立的，它们并不是从一开始就拥有"朝代心态"的家族企业。最近，我听一位企业家谈到了自己的创业史和未来的"伞型战略"（umbrella strategy）。他在第一个创业项目中实践了这一战略，但这个项目失败了。之后，他同样在没有任何资金的情况下再次创业，并最终成功了。不过，经过几轮融资之后，他在公司中只拥有很少一部分股份，公司很快就会被卖掉。随后他用第二个项目的资金启动了一个非常重要的项目，并就此拥有自己的家族企业。这位企业家确实是个富有现代意识的创业者——初期通过创建企业获取资金，为自己创设家族企业提供资金支持。

# 第九章
# 对话德国长寿企业掌门人

## 一、传统是不成文的成功法则——梅茨勒银行梅茨勒家族第十一代弗里德里希·冯·梅茨勒

创始于 1674 年的梅茨勒银行，是德国最古老的家族金融机构。它最初是一家布匹贸易企业，1760 年前后，完成了向银行转变的过程。19 世纪末，梅茨勒银行的管理层进行了企业战略调整，在此后的一百多年时间里，此次战略调整对企业的政策制定始终具有决定性的作用。赫尔穆特·科尔曼教授对梅茨勒家族第十一代成员弗里德里希·冯·梅茨勒进行了独家访谈。

### 传统比书面规定更强大

**赫尔穆特·科尔曼：** 亲爱的冯·梅茨勒先生，2015 年你入选了德国经济"名人堂"（Hall of Fame），首先祝贺你获得这一荣誉，这也是对你在最近这场金融危机中既卓越又沉静的高效管理之道的嘉奖。"沉静""高效"这两个词语，似乎也可以用来描述你到退休年龄后的继任计划。你能和我们更详细地谈谈吗？

**弗里德里希·冯·梅茨勒：** 是的。我们企业的主管合伙人（managing partners）职位现在已经转移给了埃默里希·穆勒（Emmerich Mueller），他是我们这个企业的长期合伙人，在10年的时间里，他一直在适应这个角色。从现在开始，他将代替我对外代表梅茨勒银行。

我一直很清楚，自己必须尽早制订继任计划。如果我们想延续企业的传统，尽早考虑这个主题就是至关重要的。因此，当我60岁的时候，我就逐渐退居幕后，并将银行运营的直接责任托付给其他有能力的人，这一过程持续了7年。目前，我对自己在客户关系领域扮演的角色感到很满意。

我们认为，银行不能在执行委员会中安插家庭成员，即使我们还从未遇到过这种情况，但我们至少应该为这种可能性做好准备。

**赫尔穆特·科尔曼：** 你们在梅茨勒银行转让股权的方式也让我们很感兴趣。你们对此似乎并没有明确的成文规定，我敢肯定，很多人都会迫切要求你为所有权的继承设计一套规则。

**弗里德里希·冯·梅茨勒：** 事实上，我们有个简单的原则：股份要由积极参与银行工作的家族成员持有。那些不想参与梅茨勒银行运营和管理的家族成员，要把自己的股份转让给在银行中承担职责的家族成员。当然，我们必须制定一个股份出售的规则。不过在现实中，这个问题很好解决：对那些目标和梦想在其他地方的年轻家族成员来说，出售股权获得的财富是非常诱人的。而对那些想与银行保持紧密联系的人来说，与他们收购股权的价格相比,他们参与银行运营可以让自己的股权价值更高。

**赫尔穆特·科尔曼:**你们有股权交易的固定评估准则吗?

**弗里德里希·冯·梅茨勒:**我们没有这样的准则,目前主要是通过交流来完成交易。最近,我们在家族内的堂兄弟之间就讨论过这样一笔交易,结果让每个人都很满意。重要的是,每个人都认为这是个公平合理的解决方案。

**赫尔穆特·科尔曼:**那些想积极参与银行运营的人在什么时候要做出决定呢?他们需要成为执行合伙人吗?还是在较低的管理层中任职就可以呢?

**弗里德里希·冯·梅茨勒:**对我的堂兄克里斯托夫(Christoph)和我来说,当我们还是小学生的时候,我们就做好了要进银行的准备。我们在1969年加入了银行。而我自己的孩子将来要自行做出选择。我们并不认为只有成为合伙人股东才能为银行做出贡献。从一开始就这样要求是不现实的,这个过程只能是渐进式的。此外,我们的某个孩子很可能更喜欢在一家大型国际性金融机构工作。我们当然欢迎这样的人成为我们的股东,比如,他们在董事会中任职会对我们的银行非常有益。我们的条件是,他们要非常了解梅茨勒银行。只有满足这个条件,他们才能对董事会和股东委员会的决策提出建设性意见,顺便说一下,现在,我们的股东委员会中一半以上的职位是由非家族成员担任的。我们的孩子很清楚自己对员工和客户承担的责任。我们要避免那些只关注自身利益的人成为我们的股东。

**赫尔穆特·科尔曼：** 随着时间的延续，你确信这些问题将来都会得到解决，无须任何书面承诺，也无须任何书面合同，那么，你的信心是从何而来的呢？

**弗里德里希·冯·梅茨勒：** 我们没有围绕我们的规则制定合同。我们通过沟通解决问题，这就是我们创立并一直延续的传统。你曾在一篇文章中有个恰当的比喻——"围绕篝火而坐"。这种传统最有生命力，且比书面规定更强大。

**赫尔穆特·科尔曼：** 所以，继任计划并不是针对某个人设计的，而是面向对银行业务感兴趣的所有晚辈。这的确是个不同寻常的理念。你怎么评价这个传统带来的好处呢？

**弗里德里希·冯·梅茨勒：** 这个传统一次又一次地让我们获益匪浅，它确保我们即便在最艰难的时期，也能保持银行的独立性。比如说，克里斯蒂娜·芭芭拉（Christina Barbara）就曾在18世纪中叶担任我们这个机构的领导者。当时，领导职位极少会由女性担任，只有遗孀接丈夫班的情况，而在当时她作为未婚女性来担任这个职位是前所未有的。但在此后的大约20年时间里，她非常成功地引领了梅茨勒银行的发展。结果表明，支持她担任领导职位的决策是非常明智且大胆的，我们可以就此保持独立性。如果当时把领导职位交给家族之外的某个管理团队，谁知道梅茨勒银行会发展成什么样子呢？当然，我们最初规定接班人必须是男性。可令人庆幸的是，这个规定在现实中被打破了！

## 只有保持独立，我们才能将长期的客户关系（而不是公司的短期业绩）置于首位

**赫尔穆特·科尔曼**：就像任何其他的家族企业一样，独立性对你们来说为什么这么重要呢？

**弗里德里希·冯·梅茨勒**：你知道，只有保持独立，我们才能以自己认为正确的方式管理企业。我们会根据自己的传统做出决策，而这一传统是在家族中产生的。保持独立这一点，在我们为客户提供服务时也非常重要。

**赫尔穆特·科尔曼**：你能详细解释一下吗？

**弗里德里希·冯·梅茨勒**：为了给我们的银行客户提供以客户利益为导向的服务，我们决定，不为他们提供某些产品，比如资产证明和节税产品等。我们就是要从根本上避免让自己受到提供这类产品的任何诱惑。此外，我们也不会参与股票交易，这样，我们就只能通过为客户提供的服务为他们争取利益了。只有保持独立，我们才能将长期的客户关系（而不是公司的短期业绩）置于首位。当然，这样的考量和实践最终也转化成了我们非常出色的业绩。

保持独立的另一个好处是，在特殊情况下，我们可以在公司金融方面为客户提供即时的服务。一个广为人知的例子是，舍弗勒公司（Schaeffler）要我们为其与大陆集团（Continental）的股份交易提供支持，我们在星期六的早晨接到这个业务需求，到了星期日的晚上，我们就把所有协议准备就绪了。

**赫尔穆特·科尔曼**：纵观银行体系的发展历史，我们可以看到，这个体系发生过很多深层次的转变。那么，你们是怎么

坚持传统策略呢？

**弗里德里希·冯·梅茨勒：** 我们的传统意味着我们只会专注于有实践经验且适应公司发展状况的业务领域。当然，在这些领域中，我们会积极应对所有的挑战。

在过去的三百多年里，我们为贵族提供资产和财富管理服务，现在，我们则为大型专业客户及富人提供服务。对我们来说，货币管理和外汇交易是遵循同一传统的领域，当然，这些业务在歌德（Goethe）生活的时期利润更为丰厚——歌德从德国到意大利的旅行要穿过至少12个货币区。另一个领域是公司金融，数十年来，我们一直为公司的并购和出售提供咨询服务。此外，我们还提供股票分析的专业服务，这是资本市场业务中一个非常重要的支柱。我们也通过设在北京的代表处开始为中国的机构投资者、公司和家庭提供这些服务。

我父亲曾经历过各种各样的全球危机，有趣的是，他总是要求我们必须在我们自身传统的业务领域内深耕。第二次世界大战后，德国的资本市场实际上已经不复存在了。当时很多机构在开展信贷市场和储蓄市场业务。我父亲做了一个很有远见的决策，那就是不要冒险进入这些我们不熟悉的高风险领域，而是要等待资本市场的复兴。当资本市场再次快速发展时，我们的银行在将资本市场所有细分领域（现金交易、期货交易、期权市场和中央结算）整合到德意志交易所（Deutsche Boerse）的过程中发挥了关键作用。我们的贡献是独一无二的。

你曾经撰写过人们如何从自己的过往经历中获得战略启示的文章，我同意你的观点。其中包括要能拒绝看似诱惑很大但不利于长期发展的机会。在我们这个家族里，这个经验法则和其他故事是通过"围绕篝火而坐"的谈话口口相传的。

## 企业独立的前提条件是企业股东在精神和物质上的独立

**赫尔穆特·科尔曼：** 我们再回到家族策略和你的财富管理者身份上来：作为一位家长和家族企业家，就如何教育公司所有者的孩子，让他们具备财富管理能力这一问题，你有什么建议呢？

**弗里德里希·冯·梅茨勒：** 教会他们管理财富的最佳方法，就是及早着手，让他们从一个简单的储蓄计划开始培养财务意识。不过更重要的是，要让他们学习自己的专业。

我还不能确定孩子们在职业发展道路中是否会愿意投身梅茨勒银行的建设。但现在，他们在银行部门已经很活跃了，当然，他们也可以通过在股东委员会任职为梅茨勒银行服务，并就此与我们银行保持紧密联系。事实上，这种联系根植于我妻子西尔维亚（Sylvia）对我们银行的认同。她的态度大大影响了孩子们的观点。

**赫尔穆特·科尔曼：** 太棒了！不管你们的孩子最终会拥有多少股份，他们完全可以认为自己是富有的人了。他们能处理好这个问题吗？

**弗里德里希·冯·梅茨勒：** 是的，他们确实很富有，不过他们也很节俭。让他们保持物质和精神上的独立是很重要的。

**赫尔穆特·科尔曼：** 我们的对话又回到了原点：企业独立

的前提条件是企业股东在物质和精神上的独立。感谢你和我们分享这个理念。

## 梅茨勒银行发展历程

### 1674年　创立

梅茨勒银行的起源可以追溯到1674年，一位牧师的儿子本杰明·梅茨勒在法兰克福创建了一家布匹贸易企业。

### 1738年　从商品贸易转向金融服务

法兰克福地处欧洲重要的贸易通道，尽享地利之便。后来，法兰克福的经营重点渐渐集中于委托贸易和航运业务，到了17世纪末，法兰克福成了商贸和金融交易的结合地。航运业务、委托贸易和短期借贷的融合，让法兰克福出现了许多私有银行。1738年，约翰·耶利米亚·梅茨勒将自己视为同时从事商贸和汇票业务的商人。

在克里斯蒂娜·芭芭拉·梅茨勒的领导下，这家公司于1760年前后完成了向银行转变。1771年，该家族第一位纯粹的银行家，也是最杰出的银行家之一——弗里德里希·梅茨勒进入了银行的管理层。早在18世纪贝特曼银行（Bethmann Bank）为哈布斯堡王朝（House of Habsburg）提供资金支持的时候，梅茨勒银行也在为普鲁士王室提供资金支持。拿破仑时代的梅茨勒银行终止了为国家放贷的业务，转而从事证券交易和证券保管业务。

### 19世纪末　战略重塑

梅茨勒银行的管理层调整了企业战略，在此后的一百多年时间里，此次战略调整对企业的政策制定具有决定性作用。从根本上来说,这一战略包括专注于个人金融服务,这也是固守梅茨勒银行在几个世纪中积累了宝贵经验的领域。

梅茨勒银行靠自己的力量挺过了 1929 年的世界经济危机和 1931 年的银行业重大危机。在"德意志第三帝国"和第二次世界大战期间,由于该行业受到了法律监管,加之德国与外部世界相互隔绝,银行业日渐式微。

1944 年 3 月,法兰克福的梅茨勒银行大楼被一场空袭引发的大火摧毁,银行里的资料与文件也不复存在了。战争结束后,银行业务开始缓慢恢复。梅茨勒银行的所有者毅然决定,采用数年前遵循的战略路线,复兴银行业。这时候,梅茨勒家族已为在 70 年代末稳定下来的全球证券市场的扩张做好了非常充分的准备。与此同时,梅茨勒银行继续尝试以"盎格鲁—撒克逊"(Anglo-Saxon)的方式将银行转变成一家投资机构。商品贸易日益减少,同时,证券咨询、证券交易、财富管理、外汇咨询、外汇交易、外贸业务和公司金融业务越来越多。

### 1986 年 转变为一家股份有限责任合伙公司

为了确保公司的独立性和可持续性,同时也为强化其资本基础,梅茨勒银行于 1986 年从一家合伙企业转变成了一家股份有限责任合伙公司。公司股东被严格限制在梅茨勒家族的家庭成员之内。这种公司形式保留了一些私人银行的特质,因为合伙人依然对公司承担责任。与此同时,梅茨勒银行仿效"盎格鲁—撒克逊"的形式设计了持股结构,由母公司持有"梅茨勒控股公司"之名。2009 年,梅茨勒银行在北京开设了办事处。截至 2010 年,梅茨勒银行有约 800 位员工,业务遍布全球。几个世纪以来，梅茨勒银行一直积极从事文化和社会公益事业。

## 二、开发"我自己的"机械产品——德国通快公司联合创始人贝特霍尔德·莱宾格

贝特霍尔德·莱宾格先生 1930 年出生于德国斯图加特。他现在的身份是工程师、创业家和慈善家，也是德国通快公司的联合创始人。

通快集团作为一家德国家族企业，拥有近百年的机床生产历史，总部位于德国迪琴根。通快的历史可追溯至 1923 年，它从当年的一个机械加工车间迅速发展为如今全球制造业的知名领先企业之一。目前集团拥有四大业务领域，分别是加工金属薄板、材料机床、激光技术和电子产品，通快正以不断的创新引领着技术发展趋势。通快在欧洲、南美洲、北美洲、亚洲的 27 个国家共有七十多家子公司。在全球，通快集团的员工总数超过 12 000 人。公司 2016—2017 财经年度销售额达 31 亿欧元。

1950 年，高中毕业的莱宾格进入通快公司当技术学徒，随后他进入斯图加特大学学习机械工程。1958 年，他前往美国辛辛那提，成为辛辛那提铣床制造厂（现在的米拉克龙公司）的开发工程师。1961 年，他回到德国，担任通快公司工程部门负责人。1968 年，莱宾格研发出第一个采用数控技术的步冲轮廓机床。通快公司当时的所有者克里斯蒂安·特伦普夫没有孩子，他把贝特霍尔德·莱宾格定为他的继承人。在贝特霍尔德·莱宾格的领导下，通快公司逐渐成为世界最大的机床制造厂之一。

## 祖父的车间·父母的艺术品商店·亲眼目睹的战争

**赫尔穆特·科尔曼**：亲爱的莱宾格先生，我们相识已经有很长时间了。我很钦佩你，不只是因为你具备工程师和企业家的才能，还因为你投身于文学、艺术和美术事业的发展。在本次访谈中，是否可以跟我们谈谈你这种广泛的志趣来自何处，作为企业家的你是如何脱颖而出，以及你是如何利用多样化的专长来形成独有风格的。

**贝特霍尔德·莱宾格**：现在回想起来，我觉得很多观念和天赋都是源于家庭的。我们家经常能培养出艺术家。我的祖父是一位创业企业家，1896年，他创建了一个生产手术器械的工厂，车间就在我祖父母住宅的底层。他的五个儿子有一个成了木雕师，另外四个儿子都在那间手术器械厂学机械技术。我父亲也不例外，可他不喜欢这份工作，他更喜欢做生意。后来，我父亲遇到了我母亲。我母亲在斯图加特的"工艺美术学校"（School of Arts and Crafts）学习舞台装饰，她的毕业作品是为歌剧《蝴蝶夫人》（*Madame Butterfly*）做舞台设计。艺术方面的才能激发了我母亲在斯图加特开设一间东亚艺术品商店的念头，后来，我父亲也参与了这家商店的经营。

**赫尔穆特·科尔曼**：是什么原因让你成为工程师，最后又变成企业家呢？

**贝特霍尔德·莱宾格**：我觉得我年轻的时候就有"发现趋势"的天赋。战争期间，我亲眼看到了父母经营商店多么艰难——一直没人来商店里买东西。政府也号召我们当农民和参军。那个时候你怎么可能经营一家卖中国瓷器和日本木刻产品的商店呢?加上无法进口,货源也断了。战争是残酷的,空袭彻底断了我们的念想,商店也被大火烧毁了。战争结束的时候,我父亲只能开始另谋出路。在那个时候,我想做的是有利于这个满目疮痍的国家的事情。1946年,我从中学毕业,按理说,我应该去当学徒。可在老师的鼓励下,我通过了大学入学考试。不过,我父亲坚持认为,即便我有了大学入学资格,也是要当学徒的。这种想法在战后时期是可以理解的。另外,对祖父车间的记忆也一直影响着我。在我还是孩子的时候,我就对车间的铣床很着迷。因此,我在通快公司开始了我的学徒生涯。我母亲和特伦普夫的夫人是好朋友,特伦普夫的夫人还是我的教母。在我还是个小孩的时候,她每年都会给我带最新版的《新宇宙》(*The New Universe*)。这是本引人入胜的图书,书中有很多有关新技术和自然科学新进展的知识。在通快公司做了一年半的机械学徒,我被斯图加特大学录取。那时候因为名额有限,上大学并不是那么容易的事情。我学的是机械工程专业——老实说,那时我对这个专业没什么热情,而且学习过程相当艰苦。不过,我写了一篇非常好的论文,杜耳柴克(Dolezalek)教授让我跟他攻读博士学位。可是,当时我只想尽快去美国,而读博士和去美国这两件事不能同时实现。我花了一年的时间攒够了去美国的钱。1958年,我到了美国,在那儿买了一辆大众汽车后还剩800美元,并在辛辛那提的米拉克龙公司找了份工作。我工作的地方在一个小镇上,离公司总部也不远。

## 通快公司·在美国的经历

**赫尔穆特·科尔曼：** 能否具体谈谈你在通快公司和在美国的经历。

**贝特霍尔德·莱宾格：** 好的，先说说通快公司吧。就像我刚说过的，我们两家很熟。特伦普夫先生早就说过，如果我加盟他的公司，我就能成为公司的合伙人。而我此前的论文就是关于步冲轮廓技术的，我在论文中论述和证明了步冲轮廓技术优于通快公司在其机器产品中一直使用的剪切法。在这个技术上，我已经拥有三项专利。进入通快公司后，我担任过开发者、工程师、专利官员和总机械师的职位，并最终开发了一款全新的机械产品！

再来说说美国，当时我选择去了美国。那时候，我一直对没有攻读博士学位感到有点遗憾。

**赫尔穆特·科尔曼：** 不过，最近你靠一本优秀的科学专著弥补了当时没有获得博士学位的遗憾，这本非常值得一读的著作就是《为什么美国一度遥遥领先的机床制造工业衰落到如此境地？》(Why has the US machine tool industry, which had such a leading role at that time, declined to such an extent?)，是吧？

**贝特霍尔德·莱宾格：** 是的，这本书让我感到自豪。对我来说，当时在美国积累工作经验比获得博士学位更重要。如果没有我在美国的经历，无论是我，还是通快集团，都无法取得如今的成果。位于辛辛那提的米拉克龙公司是一家全球领先的企业，我当时参与了该公司第一台数控机床的开发。虽然我是个年轻的技术人员,但我运用以前的专业知识和在通快公司学到的东西,再加上迫切获取经验的驱动力,对公司的发展做出了自己的贡献。我用德语与公司老板交流了改进齿轮制造工艺的建议。就是因为这个改进建议,技术部经理把我的工资提高了40%,达到了每周200美元。当我后来告诉他我想回德国时,他对我说:"你是我见过的最大的傻瓜。"

**赫尔穆特·科尔曼**:那时候你回德国就是为了回到通快公司工作,你为什么对通快公司如此忠诚呢?你在美国已经有了自己的家庭,你们的大女儿也出生在美国。而且正如你的老板所说,你在那里可以大有作为。

**贝特霍尔德·莱宾格**:我经常思考我对通快公司这种毫无保留的忠诚到底源自何处。我本可以留在美国,并在戴姆勒和博世等大公司的美国分部获得工作机会。或许,我是想向我父亲证实,去通快公司工作是一个正确的决定。不过最主要原因可能是我想进一步利用步冲轮廓技术开发"我自己的"机械产品。我们制造了15 000台机床,公司在15年的时间里一直靠这种机床生存。

**赫尔穆特·科尔曼**:之后,特伦普夫先生就给你提供了一个成为公司合伙人的机会,是吗?

**贝特霍尔德·莱宾格**:是的,克里斯蒂安·特伦普夫一直和我保持着密切的联系,并给了我公司股份。公司合伙人的身份对我来说并没有那么重要,机器的成功研发和科学界对这一技术的认可对我来说更重要。

## 财务危机·技术研发

**赫尔穆特·科尔曼：** 如果拿登山作比喻，在你攀上职业生涯高峰的过程中，有没有某些重要的节点？

**贝特霍尔德·莱宾格：** 最大的挑战无疑是1992—1994年的危机。那场严重的危机让包括我们在内的很多企业措手不及。那时候，我们的企业已经繁荣发展了45年。突然之间，我们的员工开始离职，而且企业经营开始出现亏损。当时，我们的财务总监建议我们发行债券，以缩减利息支出。1992年，在危机期间，我们违反了一笔贷款的条款，为此，债权人代表可以行使其投票权。我永远不想再有类似的经历——对我们的业务一无所知的人试图告诉我必须解雇多少人。后来，我们靠巴登-符腾堡州的风险投资机构的一笔投资摆脱了困境，并在20世纪90年代末清偿了债务。

**赫尔穆特·科尔曼：** 当时，那场危机对我们所有人来说都是一个挑战。现在活跃在商界的很多高管都没有那种经历。那么，公司发展是不是也有重要节点呢？还是说，公司发展更像一次长距离的马拉松？

**贝特霍尔德·莱宾格：** 我们一直都像在攀登艾格尔峰的北面——而且始终都是。第一个重要节点就是利用步冲轮廓技术开发数控机床Trumatic。因为这一产品的成功，我们需要拥有更强的生产能力，所以，必须在迪琴根兴建工厂。我们的营收是3 500万德国马克，同时我们必须要将1 800万德国马克用于投资。第二个重要节点是收购通快公司合伙人施瓦茨先生的股份，他当时持有公司 50% 的股份。收购是在 20 世纪 90 年代危机爆发的时候完成的。最后一点，也是第三个重要节点，是我们的机床产品应用了激光技术。1960 年，人们发明了激光器，到了 1978 年，激光已可以切割 3 毫米的钢板。当时，我曾去美国旅行，参观了五间工厂。在那些工厂，我看到了激光的切削操作，然而，切削前需要先制作预冲孔。激光器的功率为 500—700 瓦特不等，可我们需要的是 1 000 瓦特的激光。其他公司都不想把自己的技术授权给我们使用。因此，我们只能自己动手开发这项技术，并与德国航空航天测试研究所开展合作。我们建立了一个由五位专家组成的内部创新小组，并配备了一位秘书和一位电气技师。所有的董事会成员每周都会去拜访他们，以了解他们的工作进展情况。后来，我们甚至开发出了 1 500 瓦特的激光器。通快公司也因此树立了一个创新型企业的形象。继气体激光器后，我们又开发出了晶体激光器，之后，我们在 1994 年收购了拥有固体激光器技术的哈斯公司，尽管当时我们依然处在危机之中。这宗收购是我们与巴登-符腾堡州的风险投资机构合作完成的。

产品技术的创新仍然在继续。数字化、网络化产品的生产率正在大幅提高。增材制造、3D 打印对小批量生产来说也将是理想的技术。之后，激光焊接也会是一个广阔的发展领域。此外，我们参与的芯片制造同样也会是个前途光明的领域。凭借在风险投资领域的涉足，我们还可以近距离观察新技术领域的发展，并参与其中。

## 第九章 对话德国长寿企业掌门人

### 交接·继任

**赫尔穆特·科尔曼：** 我们可以在下一次访谈中讨论激光机床的成功案例——那次访谈已列入我们对快速增长企业的研究计划之中。接下来，我很想和你讨论一下继任规划的问题。如果这个问题没有解决，那么，企业家的所有努力都将付诸东流。请谈谈对这一议题的感想。

**贝特霍尔德·莱宾格：** 现在回想起来，可以说，我们的交接过渡处理得很好。我在德意志银行、宝马汽车和巴斯夫公司等企业的任职中，积累了很多第一代企业家没有亲历过的经验。我在这些集团中发现，董事长本人无须了解企业的方方面面。在集团中，董事长必须为董事会的成员分配工作，让他们承担责任。董事长必须拥有领导公司人员的能力。我女儿在这一方面就很出色。她与员工联系紧密，同时，在面对棘手问题的时候，她还能推动决策的制定。这种管理能力十分重要。

**赫尔穆特·科尔曼：** 除此之外，在这个过程中有没有一些"经验"或"教训"？如果遇到类似的情况，你还会那么做吗？

**贝特霍尔德·莱宾格：** 我们的交接过渡处理得很好，只是时间上可能稍晚了一些。科尔曼先生，我想说的是，在这个过程中，我感觉自己是最辛苦的那个人，职位交接之后，我仍以管理委员会主席（chairman of the administrative board）的身份参与企业的运作。

**赫尔穆特·科尔曼：** 你直到82岁依然待在公司办公室，所以，你和公司共处了很长的时间。不过，我们还应该提到一点，那就是你在进行职位交接时是非常有条不紊的。

**贝特霍尔德·莱宾格：** 那对我来说很艰难。不过幸运的是，我获得了攻读博士学位的机会，那是一段美妙的时光。

**赫尔穆特·科尔曼：** 是的，我对这点感同身受，这样的学术任务需要你全力以赴。我认为，这是渡过转折点很好的方法。不过，我们还应该说一点，那就是你是从以前的职位上退休的。在汉姆布莱希特（Hambrecht）博士身上，你看到的是一个享有盛名的继任者。如果一个企业有两个"山头"，这对能力出众的董事长来说是无法接受的。在我看来，前任董事长应该适时彻底转交权责，这样，继任者才能完全接管新职位。

**贝特霍尔德·莱宾格：** 我与马库斯·比尔里奇（Marcus Bierich）① 是亲密的朋友。他让默克尔（Merkle）先生担纲监事会主席，马库斯·比尔里奇的这一安排，是德国工业界的佳话之一。

## 人生脚本

**赫尔穆特·科尔曼：** 令人遗憾的是，我们只能从失败的经验中才能学会怎么做得更好。接下来，我想谈谈你的另一个身份——一个真正受过精英教育的人。有人会对这样的人生脚本是否合乎情理和是否可以复制提出质疑。你是马尔巴赫（Marbach）"德国文学博物馆"（Museum of Modern Literature）重要的赞助人和代表人，是"巴赫国际学院"（International Bach Acad-

---

① 马库斯·比尔里奇是博世公司前董事会主席默克尔先生的继任。

emy）的赞助人，同时也是"贝特霍尔德·莱宾格基金会"（Berthold Leibinger Foundation）的创始人，该基金会对我们获得托马斯·曼（Thomas Mann）在洛杉矶太平洋帕利塞德（Pacific Palisades）的住宅有突出贡献，你还为其他很多项目提供了支持。

**贝特霍尔德·莱宾格：**我本可以从事很多不同的职业，比如物理学家、新闻记者等。但我的志趣根基源于我的家庭背景。我母亲是位博览群书的女性，而且是位充满热情的戏迷。我们的家庭是个书香之家。圣诞节互赠礼物之后，我们的房间里会非常安静，因为家里的五六个人都在阅读。

**赫尔穆特·科尔曼：**良好的教育使你培养出了现在的志趣。不过在我看来，还有另外一个因素，那就是你培养这些兴趣时的自律意识。除了为项目提供财务支持以外，你还担任了很多需要花费大量时间的行政职务。

**贝特霍尔德·莱宾格：**在我们企业发展的后期，我才有能力为这些机构提供支持。在很长一段时间里，我们都没有可供利用的大量资金：为了保证企业15%的增长率和激光技术的开发，我们投入了大量的资金；之后，我们又收购了施瓦茨先生的股份；再后来，我们又回购了投资公司持有的公司股份……我们从来都没有大量富余的资金。这种情况到了20世纪90年代末才有了改观。另外，只有当公司达到了一定规模之后，我才有时间投身于那些事业。在那之前，我全身心都投入到了公司的发展中。因此，我是个"晚熟者"（late developer）。

不过，身为一个信奉新教（Protestantism）的人，我必须知道，当造物主问我"你的一生都做了什么？"的时候，我应该怎样回答。所以，我可以问心无愧地说："我一直在努力把你赐给我的才能发挥到极致。"我深爱自己生活的方方面面，生活也给了我丰厚的回报。当一周结束的时候，在牧师主持的教堂聆听巴赫（Bach）的康塔塔（Cantata），会让我颇感幸福，并给予我力量。

**赫尔穆特·科尔曼：**莱宾格先生，让我们以下面这句话作为本次访谈的结束语吧。还有什么比一个耄耋之年的人在谈到自己的生活时说"我总是充满好奇，而且始终在不断成长"更美好的呢？

## 三、复杂公司的简单战略——凯驰公司 CEO 哈特穆特·詹纳

德国家族企业凯驰公司是商用和家用清洁工具和清洁系统最知名的制造商之一。该公司于 1935 年 2 月由阿尔弗雷德·凯驰创建，2015 年的营业额为 22.2 亿欧元，在全球拥有 11 333 名员工。"我认为，每年平均增长 10%（不包括并购）是个不错的目标。"在凯驰公司 CEO 哈特穆特·詹纳看来，增速还会提高。与哈特穆特·詹纳的对话，让我们看到了这家多元化业务公司的战略选择。

**赫尔穆特·科尔曼：**我最近一次去中国，看到了很多身着黄色制服的工作人员在表演"凯驰清洁秀"。我们先从凯驰公司在中国的情况开始吧。

**哈特穆特·詹纳：**我们在中国开展业务已有二十多年时间

了（截至 2010 年）。最初在 1992 年，我们通过和一家香港公司建立合资企业进入了中国市场。这家合资企业一直运营到 2002 年，是一家合资分销企业。第二家合资企业是与北京的中国航空技术进出口总公司（China National Aero-Technology Import and Export Corporation）在 1995 年共同组建的，这是我们在中国建立的首家生产企业。2004 年，凯驰公司从这家合资企业撤出。在此之前的 2002 年，我们在上海建立了自己的首家销售公司，该公司一直运营到现在。2004 年，我们在宁波创建了全资的纯制造企业，该公司运营到 2011 年。其后，生产业务转移到了漳州的一个自贸区。现在，我们在中国已拥有 700 名员工。2012 年，我们对在中国的战略进行了调整，开始专门为中国市场设计产品，我们将这些产品称之为"经典系列"，这个产品战略的设计以"SMART"原则为基础，S 是指简单（simple），简单的技术，电子元件更少，易于修理。M 是指便于维护（maintenance），零部件易于生产制造，维护不需要特殊工具。A 是指价格实惠（affordable），人们负担得起。R 是指可靠性（reliable），在中国推出的产品要与德国的优质产品相当。T 是指上市时机（time-to-market），产品的上市时机对新兴市场非常重要，创新主要是根据用户的需求改进产品。2012 年，一间包括产品开发在内的名为凯驰亚洲技术中心（Kärcher Competence Center Asia，KCCA）的工厂建成投产，这间工厂可为终端用户生产符合"SMART"原则的产品。

**赫尔穆特·科尔曼：**这对凯驰公司来说是一个很大的进步。接下来，我们想更深入地了解整个企业。公司已经取得了成功，请和我们谈谈成功的原因吧。

**哈特穆特·詹纳**：在凯驰公司，我们非常努力地工作，因为我们知道成功是无法自我延续的。凯驰公司的一个优势，同时也是一个劣势，就是我们是一个生产多样化产品的企业。我们有三千多种产品，产品的零售价从 9.9 欧元到 350 万欧元不等。此外，这些产品几乎在全球每个国家都有销售，我们在 60 个国家设有 100 家销售公司。因此，我们必须满足很多监管要求和规定。

我不知道还有哪家公司像我们这样采用多样化产品的营销策略。举例来说，我们在日本最大的销售渠道是一个电视直销频道，我们通过那个频道进行产品直销，这是我们唯一通过第三方分销产品的渠道。

**赫尔穆特·科尔曼**：这是个简单明了的策略！

**哈特穆特·詹纳**：我们这一策略背后的逻辑是，企业的终极目标就是在市场中持续生存，其他的都是其次。产品的多样化最终或许会降低一点儿销售利润率，但这却能让我给企业提供最大的保护。2009 年的企业经营状况就证明了这一点，即使大环境非常恶劣，我们的销售额也只有小幅减少。从长期来看，这种策略能创造更多的利润。

**赫尔穆特·科尔曼**：这是否可以理解为内部协调的结果？

**哈特穆特·詹纳**：是的，我们为此构建了优质、高效的内部流程，这些流程发挥了非常大的作用。对我来说，公司拥有良好的应变能力非常重要。

**赫尔穆特·科尔曼**：所以说，你们为多样化产品特意制定了这样的战略,并取得了成功,对吗?

**哈特穆特·詹纳:**我们制定这种战略的出发点包括这几个方面:第一,在我们的业务中,B2B和B2C的业务各占50%。就这一点而言,我们是与众不同的。这也是我们的一个巨大优势。因为B2B业务和B2C业务的景气周期是相互交替的,所以两种业务的划分意味着我们始终拥有良好的设备使用率和增长机会。第二,这个领域拥有极大的创新潜能。清洁工具领域正处在"创新不足"的阶段。第三,我们实现了全球化。我们在境外的销售额占全部销售额的85%,而且我们的产品销往全球每个国家。第四,我们一直强调以客户为中心,尤其是要面对全球各地潜在的客户。第五,品牌价值是凯驰公司最宝贵的资产,我们愿意尽全力做好品牌管理。第六,我们专注于自己的特长。多样化产品的战略要求我们掌握很多技术,但我们很早就决定不要掌控一切。此前,我们就与一些研究机构提供商确立了明确的合作关系。其中包括欧洲最大的研究机构弗朗霍夫研究院、马普研究院和达姆施塔特科技大学(Technical University of Darmstadt)。此外,我们还与很多国际机构有合作。

除了这些合作以外,并购也是我们公司战略的一个重要部分。我们在美国已成为高压清洁和地板清洁领域的市场领导者。我们也有很多小规模并购和技术并购。

**赫尔穆特·科尔曼:**战略可为行动增色。任何优秀的战略实际上都需要得到充分的落实,实施一项看起来合理的战略会面临哪些挑战?

**哈特穆特·詹纳:**凯驰公司拥有强大的企业文化。不过现在我们必须进行战略重塑了。因为企业强劲的增长和员工年龄结构的变化，50%的新员工都是在近五年里聘用的。我们必须让这些新员工融入我们的企业文化，并在世界各地宣扬我们的企业文化。

我想，每一家公司都应该清楚企业怎么才能取得成功。此外，企业还应该清楚自己的薄弱环节，而且要加强自己的优势。制定了一个十年战略后，我们把这个战略分解成了17个子战略，并在工作中落实这些战略。

**赫尔穆特·科尔曼：** 接下来，我想谈谈关于创新的问题。之所以想讨论这个问题，首先是因为我认为你们富有创新精神，其次是因为我认为这是个很难把控的问题。作为一家企业，你们是怎么做的？

**哈特穆特·詹纳：** 从根本上来说，我们这个行业还处在创新不足的阶段。

**赫尔穆特·科尔曼：** 这就意味着任何创新都可能带来生产力的提高，对吗？

**哈特穆特·詹纳：** 是的。比如现在很多清洁工作都是手工完成的，不妨想想除去书籍和灯罩上灰尘的情形。在我们这个行业，创新的趋势是研发机器人。机器人"大脑"的研发并不是个问题，问题是我怎么才能把它们"大脑"的信号转化成机械动力。

再比如，能源存储领域存在着巨大的创新潜力。现在的清洁机械电池太重，几乎与机械其他部分的重量一样重，电池能量的很大一部分耗费在了电池自身占用的空间和重量上，我们可以想象一下，如果电池只占用10%的空间就能有同等的效能，可能10年以后用于家庭清洁的器具就不再需要电池。

**赫尔穆特·科尔曼**：这会提升人们生活的舒适性和便利性。

**哈特穆特·詹纳**：而且也会更便宜，将来会有比汽油发动机能量密度更大、更高效的机械问世。我在传感器技术领域也看到了同样的创新潜力。

此外，我关心的是反应速率（reaction rate），也就是将功能转化为行动的时间。

举例来说，我们在医院卫生中就有个很大的问题，不妨想象一下这样一种机器——它可以自动清理收集到的垃圾，当人们把它从一个房间拖出，在去清理另一个房间的途中就可以自动完成垃圾倾倒，这意味着自动化的趋势。另一个趋势是，所有的产品都会数字化。以前纯机械的设备将来都会完成数字化。

**赫尔穆特·科尔曼**：创新需要投资。那么，你们怎么考虑创新中的投资问题呢？

**哈特穆特·詹纳**：我认为一家企业不应该在银行存有很多现金。如果一家企业在银行有很多现金，就意味着它们不再有商业追求了。我们的目标是让公司不断发展，但不要举债。举债会让人"上瘾"。

**赫尔穆特·科尔曼**：我从凯驰公司的销售数据中看到，公司的销售额在10年内翻了一番，这种增长可以延续下去吗？

**哈特穆特·詹纳**：是的，而且还会加速。我认为，每年平均增长10%（不包括并购）是个不错的目标。

**赫尔穆特·科尔曼**：在刚才谈到战略时，你没有提到竞争。

**凯驰公司现在的竞争格局是什么样的？**

**哈特穆特·詹纳：** 我们对竞争的态势非常清楚，而且也在非常严肃地对待。我们有四种竞争对手：第一种是典型的竞争对手，它们常常试图抄袭我们的创意；第二种是新竞争对手，比如有些经典品牌产品的制造商，它们会生产一些非常适合其分销渠道的新产品；第三种是贴牌生产商（original equipment manufacturer，OEM），它们会面向所有人销售产品，但还没有形成自己的品牌；第四种是那些拥有破坏性商业模式的企业，这种公司会在消费者和制造商之间不断深化这种模式。

**赫尔穆特·科尔曼：** 作为非家族成员的经理人，家族对你们实施这一战略有什么影响？

**哈特穆特·詹纳：** 家族成员作为公司的股东担任理事会主席一职，并授权他人管理企业，因此，他们会参与战略的制定。家族对企业文化的形成具有决定性作用。

**赫尔穆特·科尔曼：** 那么，我们应该怎么界定非家族成员经理在家族企业中的责任呢？

**弗里德里希·冯·梅茨勒：** 他应该以客户、公司、股东和员工的利益至上，并确保企业健康地长期发展。

### 德国凯驰公司

德国工程师阿尔弗雷德·凯驰是欧洲第一台热水高压清洗机的发明者。1935 年，他在位于斯图加特郊区的巴登康斯塔市组建了现在的凯驰公司。发展至 2010 年，凯驰已在全球 72 个国家拥有 127 家公司、13 500 名员工，是全球最大的清洁设备和清洁解决方案提供商之一。凯驰拥有超过 3 000 个的产品系列，并获得近两千个专利。

和罗伯特·博世、戈特利布·戴姆勒（Gottlieb Daimler）、格拉夫·齐帕林（Graf Zeppelin）等德国创业家一样，阿尔弗雷德·凯驰也是工业化伊始来自德国巴登-符腾堡州的众多发明家和企业家之一。

1935 年，毕业于斯图加特理工高等学校（Technical University of Stuttgart）的凯驰在斯图加特创建了自己的公司，阿尔弗雷德·凯驰根据自己的专利，设计并制造了用于钢材回火、硬化工业用轻合金的"凯驰盐浴炉"和其他产品。

1939 年，这家家族企业搬迁到了温嫩登（Winnenden），直至今天，这个家族企业的总部仍位于此地。当时，公司还生产飞机发动机加热设备和机舱加热系统。二战结束后，公司转向日用品的制造，比如圆炉、炊具、手推车和拖拉机拖车等。1950 年，阿尔弗雷德·凯驰制造了欧洲第一台热水高压清洗机，就此进入清洁技术行业。这种设计极具前瞻性，直至今天仍是所有燃烧器的基础。

但阿尔弗雷德·凯驰没有看到自己技术在后来被广泛应用的场景。1959 年 9 月 17 日，58 岁的凯驰去世，其后，他的妻子艾琳接过公司管理权，率领企业驰骋商海长达 30 年之久。今天，他们的孩子约翰内斯·凯驰和苏珊娜·齐默尔曼·冯·西法特作为家族企业的第二代掌门人掌管企业运营。

多元化和国际化是凯驰公司的特点。1974 年，凯驰公司将重心转向高压清洗领域后，公司机器产品的颜色由蓝色变为如今全球知名的"凯驰黄"。1962年,凯驰公司在法国成立了首家国外子公司,随后又成立了奥地利和瑞士分公司,国际化进程迅速推进。截至2016年,凯驰公司已在60个国家建立了海外子公司,公司85%的销售额为海外销售额。

## 四、"我们俩对过渡方案都感到很满意"——威腾斯坦监事会主席曼弗雷德·威腾斯坦与董事会发言人安娜-凯瑟琳娜·威腾斯坦

威腾斯坦集团是机电技术行业的"隐形冠军"。在全球范围内拥有大约2 100名员工,大约60个分支机构和代表派驻于全球四十多个国家。其2016—2017财经年度营业额约为3.37亿欧元,集团由八个业务领域组成:伺服齿轮头、伺服驱动系统、医疗技术、微型伺服装置、创新传动装置、旋转和线性制动器系统、纳米技术,以及驱动技术的电子和软件部件。

威腾斯坦集团在2016年完成了家族内部接班计划,并在2016年10月举办了庆祝集团"指挥棒交接"(baton handover)的晚会,晚会也是迎接家族第三代安娜-凯瑟琳娜·威腾斯坦(Anna Katharina Wittenstein)成为集团董事会新任发言人的欢迎仪式,她是公司大股东,也是董事长曼弗雷德·威腾斯坦博士的长女。其父亲曼弗雷德·威腾斯坦在2014年4月就退居二线,在企业的管理中从管理者变为监事会主席,并在2013—2016年交接班时期,外聘戴尔特·斯帕思(Dieter Spath)教授任董事会主席。

本书主要作者科尔曼教授在德国一些家族企业的咨询委员

会或监事会任职，他也是威腾斯坦集团科学咨询委员会（Scientific Advisory Board）的成员。

曼弗雷德·威腾斯坦是威腾斯坦的第二代所有者，从父母手中接过这家小工厂的管理权后，他将这家公司发展到了目前的规模。今天，威腾斯坦集团在"工业4.0"时代已成为全球领先的企业。和其他家族企业一样，公司也是由少数家族股东所有，曼弗雷德·威腾斯坦博士是公司的大股东和总经理。他有4个子女，长女当时30岁出头。其长女是一家工程研究和咨询机构的工程师，获得博士学位以后，她的第一份工作是在家族企业中负责运营一家海外子公司。

曼弗雷德·威腾斯坦和其顾问一致认为，将领导权从父辈直接移交给女儿并不是最佳选择。这并不奇怪，因为父女两人都有鲜明的个性和极强的自尊心。就像所有即将退休的企业所有者和首席执行官一样，父亲也有一种"后座驾驶"（back-seat-driving）的倾向——他无法克制自己想要提出具体建议的冲动。经过反复斟酌和多轮咨询之后——主要是与公司的高管团队磋商，威腾斯坦博士为职权转移设计了一个"两阶段交接过程"。

## 寻找继任者

威腾斯坦博士希望找一位非家庭成员担任总经理一职，这位总经理的使命是在两代人之间搭建桥梁。理想的情况下，这位继任者应该已经过了寻求终身职位的年龄，不过离退休应该还有5年左右的时间。因此，理想的人选应该在60岁左右。

寻找继任者的故事也精彩纷呈。继任者所在的公司在德国工业界声名显赫，他还曾经当选了德国机械制造和工程协会（German Machine Building and Engineering Association）的主席，不过该企业是一家年销售收入在 3 亿欧元左右的中等规模公司。威腾斯坦博士邀请这家德国半政府性质的研究机构弗劳恩霍夫协会的主席接替自己任职威腾斯坦公司的 CEO。

当时有人认为，这种规模的公司聘任的总经理要求很高。不过为了给这个重要项目一个出色的解决方案，家族企业的所有者愿意付出相应的代价。

结果他成功了。

弗劳恩霍夫协会工业工程研究所的负责人、在德国工业界内外声誉卓著的戴尔特·斯帕思教授就此接任威腾斯坦集团 CEO 一职。他的任期将延续到集团制定出明确且合理的继任方案时。

### 成功的过渡角色

这一权力移交过程就此展开。当然，过程中出现了很多不可预见的挑战，其中有些问题必须得到解决。比如，长辈不可能完全退居幕后。不过，这是所有权力转移过程中都会出现的问题。

"两阶段交接过程"拥有显著的优势。对长辈来说，这是个学习如何做好董事长的绝好时期。与身为 CEO 理所当然地直接发号施令相比，董事长则是个完全不同的角色。董事长只能以

## 第九章 对话德国长寿企业掌门人

微妙、恰当的方式对 CEO 施加间接的影响。与和自己的子女相处相比，与一位备受尊敬的职业经理人一起学习如何管理企业则更有效。

此外，对下一辈来说，在一位非家庭成员"管家"的指导下熟悉自己的新角色，也是一个很好的途径。经过精心选拔，继任高管团队最终组建完成。一年半之前，高管团队在斯帕思教授担任 CEO 时就开始履职。

现在，"指挥棒"已被移交给了作为家族继承人的女儿安娜-凯瑟琳娜·威腾斯坦博士。斯帕思教授转而担任德国科学与工程协会的会长一职，这是一个在政商两界极富影响力的行业协会。威腾斯坦博士还将担任公司监督委员会主席。

安娜-凯瑟琳娜·威腾斯坦并不想成为控股股东，在这个"本土成长"的隐形冠军企业里，她更像一个在四位高管构成的职业高管团队中任职的项目经理。这个家庭及其公司完全有理由在集团总部所在地的小镇庆祝"指挥棒交接"。这也是家族企业的一个特色——他们喜欢邀请很多的业界客户、朋友和邻居前来庆贺。

本书作者专访了这对父女：威腾斯坦集团多数股份持有人曼弗雷德·威腾斯坦和他的长女安娜-凯瑟琳娜·威腾斯坦。父女两人讲述了这一漫长的进程中不同阶段的各自经历。

**赫尔穆特·科尔曼**：*威腾斯坦博士，作为德国机械设备制造业联合会前主席及家族企业家的知名代表，你一定非常重视企业的继承问题，你是如何实现企业成功交接班的呢？*

**曼弗雷德·威腾斯坦**：*我是从十多年前开始思考企业的继*

承问题的。那时候，我就希望延续家族的传统。应该说，当时企业的良好发展状况为延续传统提供了很好的条件。

**赫尔穆特·科尔曼：**当你产生这个想法时，企业及家族内部有什么变化呢？

**曼弗雷德·威腾斯坦：**作为一个企业家，当你知道你可以将公司从你的手中交给家里另一个人的时候，相对于其他不需要在家族内传承的企业来说，你需要做的会更多一些。平时，我总是尽可能简单地向孩子们解释企业的交接班问题。我从来不会把在公司的烦恼和担忧带回家。直到我的孩子们毕业，并且开始思考要做什么的时候，我才开始真正考虑这个问题。因为早就考虑到公司可能由家族成员继续经营，我也开始重视对孩子的长期培养。虽然我并没有制订并遵循一个明确的计划，但我觉得早在孩子们只有十几岁的时候，就要让他们了解行业，且并不仅仅局限于对自己家族公司的了解，还要熟悉多样化的商业模式。

**赫尔穆特·科尔曼：**威腾斯坦女士，在你选择大学专业时是否考虑到未来可能成为接班人一事？

**安娜-凯瑟琳娜·威腾斯坦：**我当初做决定的时候，其实并没有意识到这一点。应该说，我是后来才意识到的。我接受的是传统的人文学科教育。在学校里，每一个人都告诉我，我应该成为一名教师。但是，我最终决定学习商业管理相关课程。之所以这么选择，是因为我准备以领导者的身份在公司工作。当然，我不会忘记是在自己家的公司，但我主要是想追寻自己的兴趣。

**赫尔穆特·科尔曼：** 你是什么时候开始认真考虑继承这份家族事业的？

**安娜-凯瑟琳娜·威腾斯坦：** 虽然我致力于成为一名成功的职场女性，但我知道我需要更多的科技知识，所以我攻读了科学技术领域的博士学位。毕业后，我决定与弗劳恩霍夫制造工程与自动化研究所合作。但我一直对我们自己的企业情有独钟。

**曼弗雷德·威腾斯坦：** 顺便说一下，她的博士学位论文研究的是"特定客户产品开发中的灵活性能"，这也是我们公司非常感兴趣的课题。

**赫尔穆特·科尔曼：** 获得这个学位以后，你就准备回到家族企业工作、并开始适应接班人身份了吗？

**安娜-凯瑟琳娜·威腾斯坦：** 最初我有很多选择，我也获得了其他企业的面试机会。但我知道，有五年工作经验后，我对整个市场环境并不陌生。这就让我更有信心加入家族企业。

**赫尔穆特·科尔曼：** 你在家族企业中最初的工作是什么？

**安娜-凯瑟琳娜·威腾斯坦：** 在第一年，我做过公司不同部门的实习生。对我来说，这是一个相对开放的工作。我父亲和我都认为，我最好不要一开始就在我们的总部工作，而是需要适应不同的工作环境。

**曼弗雷德·威腾斯坦：** 那时公司需要开发新的生产项目，对于安娜来说，这是一次很好的锻炼机会。

**赫尔穆特·科尔曼：** 威腾斯坦女士，你是如何看待你在家族企业内的第一份工作的呢？

**安娜-凯瑟琳娜·威腾斯坦：** 回想起来，这是一次很好的尝试。因为它是一个独立的、完整的创业任务。在那段时间，我迅速熟悉了公司内部的所有流程，并且对公司运作有了更深的了解。当然，这对我来说，也是一次挑战和冒险。但这正是我在继承公司过程中需要的——一个能让我成长的挑战。我的导师克劳斯·施皮茨莱已在威腾斯坦工作了五十多年，并一直是董事会成员。2012年以后，他还担任过资深公司顾问，并于2016年获得公司颁发的"50年忠厚奖"。我让克劳斯成为我们行政委员会的一员，作为我的导师，他始终支持我的发展。我也一直在对自己做评估，在尽可能了解自己的优点和缺点的基础上，思考我是否愿意一直做下去。后来我清楚地意识到，我不仅想成为企业的所有者，而且还愿意承担运营和管理工作。

**赫尔穆特·科尔曼：** 离开瑞士之后，你又去了美国。你在美国做了什么？

**安娜-凯瑟琳娜·威腾斯坦：** 当时美国是我们最大的外国市场。那时，我们的美国子公司正在经历一场领导层危机。而最令我兴奋的是，我的职位并不是参与公司运营，而是担任董事长。因此，这一次对我的考验是，如何间接地进行企业管理，以及作为所有者，我是否能做好统筹工作。

**曼弗雷德·威腾斯坦：** 对我来说，重要的不是在美国开设子公司，而是让公司适应美国市场的生产运营环境。正是安娜的工作让我们这家德国公司适应了美国市场。她成功做到了这一点，同时也提高了我们公司在美国的知名度。

**赫尔穆特·科尔曼：** 尽管如此，在移交公司时你选择了一个过渡方案。这是为什么？

**曼弗雷德·威腾斯坦**：从公司的角度来看，安娜当时并没有足够的经验。因此，当时我们要解决的问题就是如何填补这样的经验缺口。我们在公司内部进行了长期愿景的讨论——当然，安娜也参与了。这次会议的结论是，在交接班过程中我们需要一个新的董事会为新一代铺平道路。我们通过头脑风暴讨论什么样的人来担任这个职位最合适。我们需要一个经验丰富且自信的人出任新 CEO。我找到了戴尔特·斯帕思，他是德国国家工程院前院长、弗劳恩霍夫协会主席，也是斯图加特大学的教授。经过一周的思考，他答应了我的请求。也多亏了他，才让我们公司的员工意识到我真的可以让位了。

**赫尔穆特·科尔曼**：威腾斯坦女士，你的父亲认为当时的你没有足够经验，你认同吗？

**安娜-凯瑟琳娜·威腾斯坦**：我同意。因为我并不确定自己的领导能力是否可以胜任这个职位。而且当时我的两个孩子还小。我清楚我和父亲的性格非常相似，所以从我自己的角度，我也不想从父亲手上直接接班。我们都对邀请戴尔特·斯帕思担任新 CEO 的过渡方案感到高兴。这个方案既给了我们一个上任前的准备期，也找到了一个可胜任 CEO 的合适人选。

**赫尔穆特·科尔曼**：你是如何考虑家族内部的继承问题的？

**曼弗雷德·威腾斯坦**：我希望有一个客观的计划，有条不紊地解决公司内部的继承人问题。但是对于企业家的家庭而言，很多问题不能基于简单的客观事实来解决，而要更多关注家族内部的情感因素。但如果决策受情感因素影响，显然对公司没有好处。因此，在家庭中挑选一个合适的人选担任公司的行政职务是一件麻烦的事。而我希望这一过程是客观的，被选上的这个人能够经得起第三方的检验。因此，每个申请董事会职位的人，无论他们是否来自家族内部，都必须能够证明自己的工作能力，并且必须具备进一步发展公司的潜力。

**赫尔穆特·科尔曼**：除了公司的管理和运营之外，对于所有权的问题，你在这方面是怎样规划的？

**曼弗雷德·威腾斯坦**：我很早就开始思考所有权的继承问题，其中涉及的人包括我的兄弟姐妹和孩子们。那时，我拥有90%的股权和投票权，而我的兄弟姐妹几乎没有参与企业经营。后来，我们起草了一份家族宪章——目的是为了维护家族凝聚力和企业独立性。我们在家族宪章中定义了"家庭"，即家庭成员的集合体；我们的权利和责任包括哪些内容，这是为了避免未来的冲突，如作为股东有权分配财产。家族宪章还规定，如果想成为公司的主管或合伙人，所有的家庭成员都必须经历同样的资格审查，就像安娜所经历过的一样。从我的角度来看，家族宪章可以防止家族成员在成为股东后发生冲突。

**赫尔穆特·科尔曼**：在2016年10月，你成了董事会成员兼发言人。继任的最后一步是怎样完成的？

**安娜-凯瑟琳娜·威腾斯坦**：那时，董事会包括首席执行官戴尔特·斯帕思和包括我在内的三个新的董事会成员。很明显，我们这个四人小组很快就会接管领导权。我们把经营也分为四个板块，这样我们可以更快地熟悉各自的任务。我的父亲仍然担任了外部代表和监事会主席。这样，我们就可以专注于业务发展。

**赫尔穆特·科尔曼**：威腾斯坦先生，自2014年以来，你一直担任监事会主席。你是如何实现干预与放权之间的平衡的？

**曼弗雷德·威腾斯坦：**在这方面，戴尔特·斯帕思教授在过渡阶段所起的作用非常重要。由于他的存在，我逐渐明白我不能再发号施令了，不然的话，管理层的威信就会被削弱。因此，对我来说，新角色的适应是一个非常重要的学习过程。一开始，我作为监事会主席和董事会成员定期召开会议以保持联系。一段时间以后，每两周只进行一次个人会面，对一些重要问题我们才会召开全体会议来共同讨论。

**赫尔穆特·科尔曼：**你是如何维护家族成员间关系的？

**曼弗雷德·威腾斯坦：**我们有一个家族委员会。每年都会举行一次由家庭成员组织的家庭会议。我们这样做的目的是尝试把家庭成员团结在一起，让他们在无形中形成对家族企业的自豪感。我们有18个家庭成员、7个股东，在家庭会议上，我们也会讨论公司相关的话题。我们还有一个可以自由支配的"家庭货币篮子"。在上次家庭会议中，家庭委员会成员表达了对企业继承过程的肯定。这一反馈对我和安娜都非常重要。

## 现场经验

- 以一种有趣的方式及早向孩子灌输"成为一名企业家"的理念。例如，让孩子与其他企业家家庭的孩子和青少年见面。
- 如果选择进入家族企业，要在"外围"积累经验，而不是在总部。而且要让下一代在其他公司和家族企业中积累经验。
- 下一代要在公司管理层中与更多的人互动，而不能仅限于与父母的互动。

- 交接班时可以设置一个过渡期，帮助前任和继任者完成工作交接，因为继任者不需要立即上任。
- 提前计划和准备交接班，可以降低选择合适的继任者时的压力。
- 建立家族委员会或起草家族宪章可以提前减少未来发展中的冲突，并提升家庭成员对继任者的接受度。

## 五、步步为营的交接班——维思聆公司家族企业代表黛安娜·维思聆和维思聆公司国际业务发展部部长安娜·维思聆

德国维思聆公司（WESSLING）是一家集独立实验室、检测和咨询服务等业务于一体的家族企业，由欧文·维思聆（Erwin Wessling）先生于 1983 年创立。维思聆先生有三个女儿和一个儿子，现在四位子女全都参与到了家族企业的管理中，作为创始人的父亲，从 2015 年起就开始安享退休生活。两位继任人黛安娜·维思聆（Diana Wessling）和安娜·维思聆（Anna Wessling）告诉作者，维思聆公司的传承计划始于 17 年前。在德国阿尔滕贝尔格（Altenberge）的维思聆公司总部，黛安娜·维思聆和安娜·维思聆接受了笔者的专访。

### 17 年前父亲的提问

**苏明月**：感谢两位和我们分享你们在家庭和企业中的经历。你们有三姐妹和一位兄弟，如今的年龄介于 33—43 岁。现在，

你们全都参与了家族企业的管理，而你们的父亲，作为公司的创始人，自 2015 年后已安享退休生活。你们如何看待这一变化呢？你们认为这是个非常周到的安排吗？

**安娜·维思聆**：虽然我不敢说我们考虑得非常周到，但这确实是我们深思熟虑后的安排。可以说，我们在 17 年前就开始准备继任计划。当时，父亲分别询问我们兄弟姐妹，是怎么考虑家族企业延续这一问题的。当时，他没有明确说明我们要参与公司的运营。我们每个人在不知道其他人会怎么说的情况下，都肯定地说："我们希望家族内部的人掌管维思聆公司的运营和发展。"我觉得，这就是包括我们父母在内的所有人第一次正式谈论这个话题。

**黛安娜·维思聆**：是的，我认为那就是我们接任企业的起点。当时，我逐渐清晰地意识到，企业经营需要有专业性的支持，以帮助我们战胜一系列的挑战。

**苏明月**：当时你们的父亲多大年龄？你们多大年龄？

**安娜·维思聆**：我们最大的兄弟姐妹 26 岁，我当时 16 岁，排行最小。

**黛安娜·维思聆**：父亲当时 50 岁。一个启动继任计划的因素是，他收到了几个对维思聆公司感兴趣的投资者的收购报价。之后，他开始考虑企业持续发展的几个选择，父母更倾向于通过继续开展改善环境、健康和生活质量的业务，让公司成为一家独立的家族企业。他们为这个拥有数百名员工的企业的可持续发展付出了大量的时间和精力。

**苏明月**：听起来，除了家庭财富的考量以外，你们已经将公司当作一个有生命、值得延续的实体了，是吗？

**黛安娜·维思聆：** 是的，但这并不意味着我们马上就开始起草文件并实施。当时，我们都还很年轻。对我们来说，问题的核心是，我们都很尊敬这家公司，觉得这家公司就是父母的第五个孩子。除此之外，我们还强烈地感受到了员工家庭与公司之间的紧密联系，以及公司为此所需承担的责任。我们亲眼看到，即便在艰难时期，我们的父亲也不会轻易解雇员工。

**安娜·维思聆：** 在企业的繁荣时期，我们有时候觉得这家公司简直就像第一个出生的孩子，它得到了很多人的关注。的确，早期的参与让我们所有人都与公司建立了情感联系。这要归功于我们早期的实习经历，以及公司组织开办的庆典等活动。

**黛安娜·维思聆：** 我还记得，很多年前，当我们在布达佩斯设立子公司的时候，我们的父亲驱车带我们经过漫长的路途去参加开业庆典。我们在那边结识了很多员工，当地的员工也就此认识了企业创始人的下一代。

**安娜·维思聆：** 这也意味着我们很早就有机会与员工交流，继任计划开始的时候，我们对他们来说也不陌生了。同时，我们也清楚父母在公司内树立的价值观，以及维思聆公司相关服务的意义，我们对此完全认同。

---

### 继任者的思考

**苏明月：** 在这之后又发生了什么呢？

**黛安娜·维思聆：** 我们都开始深入思考，我自己要做什么准备？我需要具备什么样的能力？这对我的人生规划意味着什么？

**安娜·维思聆**：我们很清楚的一点是，我们做出了承诺，而且这是一个不能收回的承诺。我们并没有完成这一计划的具体设想，不过我们还是开始实行这一计划了。当时发生的一个重要变化就是我们之间的沟通，我们开始探索和讨论我们的家族历史、跨代话题、家庭系统排列①和兄弟姐妹之间的关系等问题。

**黛安娜·维思聆**：为此，我们找了一位专业咨询顾问帮助我们。我们探究了家庭系统排列，比如说，我们了解了我们祖先的故事，以及他们对我们的影响。家庭会议的一个重要议题是，如何帮助子女顺利接管企业，以不负上一代的期望。当我们听到父亲说他并不是为了我们才创建这家公司时，我们如释重负。他并没有要求我们像他一样，而是告诉我们，我们都有塑造自己未来的自由。对我们而言，一个有利条件是，公司的多元化发展趋势让我们有了不同的才能、兴趣和资历。

**苏明月**：这对你们都一样吗？

**黛安娜·维思聆**：我们拥有同等的机会。不过我们的兄弟佛罗莱恩（Florian）可能会面临更多的挑战。企业从父亲传递给儿子，儿子的压力或许更重，因为他确实承载着更多的期望。此外，佛罗莱恩学的是自然科学，和父亲的专业背景相似。我

---

① "家庭系统排列"（family constellations）是由德国心理治疗大师伯特·海灵格（Bert Hellinger）提出的理念，在当今的欧美广泛地应用于康复、教育、商业、组织发展、企业重组、企业并购、企业文化的改变等方面，在心理治疗方面则多应用于家庭治疗。

们四个人所受教育和所学专业各不相同，在企业中都能找到自己的岗位，因此，我们非常适合在一家跨越不同专业领域的公司工作。

## 继任角色的进入

**苏明月**：你们是怎么开始在公司工作的？

**黛安娜·维思聆**：我最初学的是经济学，后来学了传播学，这是我根据自己的兴趣做出的选择。维思聆公司并不是我的第一个"雇主"。我是从 2003 年开始在维思聆公司工作的，可以说，我的这段工作经历并不是继任计划的一部分。在维思聆公司，我组建了交流与传播部门，事后看来，这个部门成了家庭和企业交流的一座信息桥梁。在我们的家庭会议上，我提出"将公司视为第二代成员"的观点。我承担着管理员角色，职责是确保信息畅通。事实上，作为家族企业的股东代表，至今我仍担任着这一角色。我很喜欢自己多样化的工作。

**安娜·维思聆**：你做得非常出色，实际上，你是从零开始构建这一职能部门的。你还组织了交接企业的正式庆典活动，那个庆典对我们所有人都很重要。

**苏明月**：你呢，安娜？你现在承担了什么角色？你是学什么专业的？

**安娜·维思聆**：我在德国学的是汉学和经济学。我负责我们的中国区业务，并于 2011 年在上海建立了子公司，直到 2015 年才离开中国。我现在负责管理国际业务发展部。姐姐朱莉娅

(Julia)是我们一个控股公司的CEO。她获得了工程和工商管理硕士学位。我们的兄弟佛罗莱恩现在是德国公司的CEO，并负责德国业务。

**苏明月：** 你们之间的沟通方式是怎样的？

**安娜·维思聆：** 我们注意到，我们包括父母在内的六个人已经形成了一种特定的沟通模式。我们共同为改进沟通方式努力，这大大提高了我们之间互动的质量。我们现在的合作默契也得益于当时的沟通模式。

**黛安娜·维思聆：** 这一点很重要，因为在战略决策和经营决策上达成共识是非常重要的。我们四人一起长大成人，亲密无间，现在又一起成为股东，这让我们的关系更紧密了。

## 步步为营的交接班

**苏明月：** 回头看来，在当时的背景下，你们的父亲分别向你们提出那个问题是很明智的决定。那种方式给了你们每个人说"不"的机会，也避免了群体反应。不过在那之后，你们都欣然接受继任计划了？

**安娜·维思聆：** 是的，我们全都接受了，不过我们将来的职位是不确定的。我当时还是个孩子，所以，我花了一段时间才理解企业所有权、参与企业管理意味着什么，以及两者之间有什么差异。我们当时很清楚的是，父亲不会让我们直接上岗，因为在实施继任计划之前，他增加了外部管理的岗位。

**黛安娜·维思聆：** 这种步步为营的策略源自父亲正确的直

觉。另外，他还想获得专业机构的支持。除了律师和税务顾问以外，在很早的时候，他还向一家专业的家族企业咨询机构寻求帮助，这家机构认为，继任计划的准备和落实需要时间。

### 企业优先的信念

**苏明月**：你们是怎么处理家庭和公司之间的关系的？

**黛安娜·维思聆**：在这个过程中，除了继续发扬我们的家庭作风以外，我们还开始关注企业的价值观和企业文化。当然，两者有些类似，不过仍然有区别。我们的父亲在公司发展的过程中奉行学习型组织的理念。我非常认同这一理念，为此，我们的家庭也变成了"学习型家庭"（learning family）。我们始终都清楚，不能将企业需求和我们自身的需求混为一谈。后来我们逐渐信奉"企业优先"的理念。

**安娜·维思聆**：对我来说，"企业优先"是理所当然的，因为维思聆的经营理念就是提升用户的生活品质，每一项分析测试和咨询工作都是为了改善用户的居住环境、提高用户的健康水平而开展的。所以，我很认同这一原则。

**苏明月**：整个过程持续了多长时间？

**黛安娜·维思聆**：这个过程始于1999年，直到2012年我们的"家族宪章"（family constitution）正式出台，这个过程才结束。

这一过程持续了13年，这个跨代的内部协议发端于我们的父亲——询问我们继任意向的时候。我们确实花费了这么长的时间，因为对我们来说，这个过程不但是"是什么"的问题，而且也是"如何"的问题。我们想花时间找到正确的方法。在"企业优先"原则下，我们在2014—2015年完成了公司股份的转移。这也是为什么我们没有从一开始就确定每个人担任什么职位的原因所在。我们首先在"家族宪章"的制订过程中达成共识，之后，才能发现最适合我们的职位。

**苏明月**：这个想法是从何而来的呢？

**安娜·维思聆**：从很大程度上来说，我们是基于学习型组织这一理念制定这个策略的。我们要感谢我们的母亲，她为策略贡献了很多想法。随着我们的成长，她参与企业的事务越来越少，不过我们的持续学习理念、对文化和智慧的好奇心，以及靠凝聚力挺过艰难时期的价值取向的确深受她的影响。她为我们铺平了职业发展道路，而且也鼓励我们所有人跟随内心的指引。

**苏明月**：你们四人是怎么合作的呢？

**黛安娜·维思聆**：我们经常沟通，在面临挑战时，甚至会每天沟通。这对企业而言很重要。幸运的是，我们兄弟姐妹一共四人，所以，我们可以将任务分解成不同的工作，让每个人都可以发挥自己的才能。

**苏明月**：第三代的情况怎么样？

**黛安娜·维思聆**：在我们四人的后代中，安娜的第四个孩子即将成为第三代的第八位成员。第三代家庭成员仍然面临着家庭生活和企业的议题，因为这就是家族企业的常态。

**苏明月**：非常感谢你们接受我的访谈，我谨以个人的名义，同时也代表我们的读者，对你们企业的永续发展致以最好的祝愿。

## 六、独立性和治理机制的契合——福斯油品集团曼弗雷德·福斯博士和斯蒂芬·福斯父子

福斯油品集团（FUCHS PETROLUB）是润滑油行业典型的德国家族企业。公司的第二代所有者曼弗雷德·福斯（Manfred Fuchs）博士把一家小公司发展成了一家全球性集团，这是一次成功的转型。不久前，我们采访了曼弗雷德·福斯博士和他的儿子斯蒂芬·福斯（Stefan Fuchs）。

──────┤ 继承人的培养 ├──────

**赫尔穆特·科尔曼：** 福斯博士，据我们了解，您作为斯蒂芬的父亲和公司前董事长，是家族第二代企业家，您已经把公司交给了您的儿子和女儿。请先给我们介绍一下贵公司福斯油品集团是如何起家的。

**曼弗雷德·福斯：** 我父亲鲁道夫·福斯（Rudolf Fuchs）是个润滑油进口批发商。1931 年，22 岁的他创办了自己的润滑油公司。他把公司发展成了一家初具规模的中型公司。1959 年，我父亲英年早逝，此后，公司一直由我母亲和两名授权委托人管理。1963 年，我毕业后加入了公司，在此后的 41 年里，我一直担任领导职位，直到 2004 年，我任职公司监事会副主席。

**赫尔穆特·科尔曼：** 斯蒂芬·福斯先生，您作为继承人，可以和我们分享一下您的故事吗？

**斯蒂芬·福斯：** 首先，我学习了工商管理的相关课程，然

后，我做了两年的审计工作。完成学业后，父亲建议我去美国分公司实习三个月。在实习这段时间里，我爱上了我们的公司，所以我和家人在美国待了三年，在一个以业绩为重的国家，我很幸运我们有一位优秀的美国总经理。他把我庇护在他的羽翼之下。他是个积极进取的管理者，并总是以结果为导向。

**曼弗雷德·福斯：** 在当时，这对我们来说并不是一个容易的决定。很明显，儿子不应该在父亲手下工作，这才是培养他独立性的第一步。有人建议斯蒂芬·福斯去第三方公司工作。可是，在我们这个行业里，他很难有机会参与其他公司的大型战略项目。因此，我认为这是一个正确的决定。而且我们非常幸运，有美国公司总经理当斯蒂芬的导师。这位总经理现在也是我们家的朋友。

## 明确规则的作用

**赫尔穆特·科尔曼：** 斯蒂芬加入了执行董事会后，在执行董事会里，您既是父亲，也是主席。这个过渡阶段持续了三年半。这也是企业传承的决定性阶段——保证企业正常运作，并顺利完成权利的交接。

**曼弗雷德·福斯：** 我儿子从美国回来时，他的观念已经被美国化了。按道理说，他并不熟悉我当时规划的核心地区：亚洲——尤其是中国，还有东欧、中欧、俄罗斯和澳大利亚等地。我有时担心他会质疑我的决定。当然，我们之间的确也有分歧，但这些分歧不涉及重大原则问题。权利的顺利交接还得益于此前确定的明确规则。我们的治理结构与其他上市公司类似。公司由执行董事会全面负责,这就是我儿子能够参与决策制定的原因。另外,每个董事会成员都有自己分管的部门,当时 DEA 被壳牌石油公司(SHELL)接管后,我们之前与 DEA 的合资企业被整合到我们集团,这是我儿子面临的一项具有挑战性的任务。不过,作为主席,我可以向我的儿子说明每个部门的职责分工。这样,我们一起工作了三年半,并顺利完成了权利交接。

**赫尔穆特·科尔曼:** 值得注意的是,福斯油品集团的监事会主席都是知名人士。穆勒·贝格霍夫(Müller-Berghoff)先生是 ABB 集团的监事会主席,斯特鲁布(Strube)先生是巴斯夫公司(BASF)的监事会主席,现任的汉布雷克特(Hambrecht)先生也是巴斯夫公司的监事会主席。

**斯蒂芬·福斯:** 这些人都是备受尊敬的知名人士。此外,就我们而言,他们担任的这些职位的工作量都很大。但我们的优势是,我们可以为他们营造良好的工作氛围。

## 父子合力的全球化拓展

**赫尔穆特·科尔曼:** 良好的组织结构和自律意识似乎是成功交接的秘诀。让我们来了解一下企业运营的情况吧。你们的竞争对手主要是大型石油公司。那么,作为一家家族企业,你们是如何为自己定位的呢?

**斯蒂芬·福斯:** 通过专注于客户需求,我父亲将我们的公司从一个中等规模的地区性公司发展成了一个全球性企业。因此，我们也成了客户认可的合作伙伴。今天，就销量而言，我们在润滑油公司中排名第八。不过，在众多独立于企业联盟的中型润滑油生产商中，我们是迄今为止最大的全球化公司。

**曼弗雷德·福斯：** 我儿子已经把我们众多的分支机构组建成了一个综合集团，并收购了一些企业。之后，他提出公司应该采用分红机制，这一想法也源自他在美国的经历。对公司而言，这是我们对独自股东的承诺，而且也是可以做到的。

**斯蒂芬·福斯：** 我父亲在任职期间，紧紧团结了一批合作伙伴。也有一些时候，家族不得不通过集资来支持企业的扩张。高度的信任和团结可以确保家族股东在危难时刻同舟共济，有时还愿意接受外部融资。

**赫尔穆特·科尔曼：** 回顾贵公司全球扩张的历史时，我们对中国特别感兴趣。你们是什么时候在中国起步的，以及是怎么起步的呢？先请曼弗雷德·福斯先生介绍一下在中国的起步情况，之后，再请斯蒂芬·福斯先生谈谈现在的情况。

**曼弗雷德·福斯：** 我很早就意识到，亚洲的业务对公司很重要。早在1985年，我们就与一家中国公司签订了合资协议，并于1988年在辽宁省营口市完成了第一家工厂的收购。这次收购是福斯油品集团的开拓之举。福斯油品集团是巴登-符腾堡州第一个在中国拥有自己生产设施的公司。公司最初拥有30名员工，年营业额约为15万欧元。

**斯蒂芬·福斯：** 30年后的今天，福斯中国（FUCHS China）已拥有365名员工，年营业额达4.54亿欧元，是我们集团的第二大公司。中国是世界上最大的润滑油市场，也是我们三个最重要的市场之一，我们仍然相信中国有持续增长的潜力。

## 家族企业的独立性 & 上市公司治理机制

**赫尔穆特·科尔曼：**这让我们想到了贵公司的上市公司身份。你们是如何融合上市公司和家族企业这两个不同的身份的呢？

**斯蒂芬·福斯：**我们家族持有55%有表决权的股份，相当于市值的27.5%。作为一个锚定股东，维护公司的独立性是我们的主要任务。独立性是我们商业模式的一部分。合作伙伴是否参与集团的管理取决于他自己，我们家族并不强求。同样，如果家族的某个人有能力做这样的工作，我们会很高兴，但这不是必须的。对于我们所有的客户和员工来说，公司能够成为一个长期的合作伙伴是至关重要的，这就需要家族企业保持独立性。我们充分利用了家族企业的独立性和上市公司的公司治理机制。

在这种情况下，我在执行董事会任职并没有决定性意义，这也不是我们家族的目标。但家族在监事会必须有合格的成员代表。当我父亲在2017年因为年龄原因退出监事会后，我们家人一致建议我妹妹苏珊娜·福斯（Susanne Fuchs）博士担任监事会成员，这是一件好事。我们很高兴她在股东大会上以高票当选为监事会成员。因此，这一重要举措在整个过渡期也起到了很好的作用。

## 第九章 对话德国长寿企业掌门人

---
**两代人关于未来的思考**
---

**曼弗雷德·福斯**：我们家族的第二代成员有三个家庭，家族企业的传承也意味着几个家庭的合作，包括将企业移交给第三代的规划。企业的第一次传承发生在德国遗产税减免规定出台之前。第二代的企业所有者负担了继承过程中的税负，这样，下一代就不必支付这一税负了。现在，公司 95% 的股份已经成功交接。

**赫尔穆特·科尔曼**：这个交接过程和公司发展的故事听起来简直太完美了。但你认为还会存在哪些隐患呢？业务是否会受到电动汽车的影响？或者父亲是否会因为无聊，再次参与到业务中来？

**斯蒂芬·福斯**：的确，我们必须应对电动汽车技术的巨大挑战。但首先，即使是电动发动机也需要润滑油。其次，世界各地还有许多与发动机无关的润滑油需求。最后，汽车润滑油的制造越来越具有技术挑战性，这对福斯油品集团是有利的。我们会迎接这些挑战，并寻找新的机遇。

**曼弗雷德·福斯**：这一点涉及我的个人发展。我有众多的兴趣，并用了一生的时间追随这些兴趣。从我年轻的时候起，我就非常热爱绘画。另外，我还有一些重要的荣誉性工作，比如友情资助曼海姆大学（Mannheim University）。在过去的几年里，我还为曼海姆美术馆（Kunsthalle Mannheim）的新馆提供了支持。即使没有办公室的日程安排，这些兴趣也足以丰富我的生活了。

**赫尔穆特·科尔曼**：感谢两位接受我们的访谈。

## 七、强大的连接——曼奈柯斯公司华尔特·曼奈柯斯和克里斯托弗·曼奈柯斯父子

曼奈柯斯公司成立于 1935 年,是一个典型的家族企业,公司现有员工约 1 000 名。曼奈柯斯公司是一个典型的"隐形冠军",在工业电力联接方面处于领先地位。曼奈柯斯的产品是各种应对恶劣环境的安全装置,如适用于电厂、矿山、港口、建筑工地等环境的防水、防尘装置和设施,可以说,曼奈柯斯的产品面向的是一个要求苛刻的特殊客户群体。71 岁的华尔特·曼奈柯斯是这家公司的第二代,他的妻子佩特拉·曼奈柯斯今年 64 岁。他们有三个儿子,其中克里斯托弗·曼奈柯斯八年前接任首席执行官一职。

不久前,我们对曼奈柯斯一家进行了一次深度访谈,我们采访了华尔特·曼奈柯斯、佩特拉·曼奈柯斯、克里斯托弗·曼奈柯斯,以及公司研发部主管拉扎罗(Lazzaro)。为了介绍这个典型的德国"隐形冠军",我们的访谈涵盖了企业的发展和企业从第二代到第三代的传承两个主题。

**赫尔穆特·科尔曼:** 曼奈柯斯公司位于德国鲁尔区的南部,在德国,鲁尔区是一个相当偏远的地区,这里群山环绕、森林茂密,且离大家熟悉的德国法兰克福或科隆这样的大都会地区还有相当远的距离。但正是在这里,你的父亲和祖父 1935 年开始创业。请和我们谈谈当初的情形。

**华尔特·曼奈柯斯:** 我父亲是当地的电工。我们有一张老照片是他工作时的场景,照片上,我父亲和他的两个同事坐在

一辆开往建筑工地的摩托车上。最初，他很想为做服务工作的电工制造一些产品。他制造的第一个产品是用来点燃雪茄和香烟的点火器。他之所以想到了这个主意，是因为战争期间火柴供应不足。

**赫尔穆特·科尔曼**：应该说，需求是创造力的源泉。

**华尔特·曼奈柯斯**：战后，我父亲开始制作电力联接产品，额定电压为360伏特，高于家用配电系统中的电压，额定电流也比家用配电系统的16安培更高。当时，高压电网是西门子、AEG、ABB等公司垄断的领域，因此，我们向它们分销产品，把它们当作主要销售渠道，当然，我们的分销渠道也向电气设备批发商开放。

**赫尔穆特·科尔曼**：你是什么时候接替你父亲管理公司的？

**华尔特·曼奈柯斯**：我父亲去世得早。我兄弟和我从1975年开始一同管理公司。

**赫尔穆特·科尔曼**：在你们这代人手里，公司在一些细分领域中已经发展成了全球领军者。

**华尔特·曼奈柯斯**：是的，当我兄弟和我接手公司时，我们只有250名员工。现在我们已经有一千多名员工。

**赫尔穆特·科尔曼**：回顾过去，是哪些决定性的战略举措促成了这一发展成果呢？

**华尔特·曼奈柯斯**：很难把它们简单地概括为几项决定性举措。不过我可以试着总结一些：

第一，我们沿用了传统的分销渠道，从制造商到批发商再到技工，而不是自己去分销；

第二，我们创建并推广了自己的品牌——曼奈柯斯，我们不再是在西门子或 ABB 旗下销售的"匿名产品"；

第三，我们用"德国制造"的口号来宣传我们的产品，但实际上，我们的分销是面向全球的；

第四，十多年前，我们就开始全身心应对电动汽车的挑战。

**赫尔穆特·科尔曼**：很有意思。其中一些原则听上去并不符合战略的大趋势。让我们来逐一讨论这些问题吧。能否给我们先谈谈第一项——传统的销售渠道。

**克里斯托弗·曼奈柯斯**：坚持这一原则不仅仅是为了遵循传统，更是因为我们需要熟练的技工。我们的产品是安全产品，而技工需要批发商为复杂的安装工作提供各种各样的产品。我们认为这是一个面向未来的理念。企业，也就是我们的客户，很清楚我们迫切需要高技能的技工。我们必须尽一切努力提高技工的劳动附加值。同时，这还需要供应商一定的忠诚度。我们不可能采用越过技工及其供货基地的销售渠道。

**赫尔穆特·科尔曼**：如果你有优质的产品，那么推广你自己的品牌就是合情合理的。下面让我们讨论一下你们面向全球的宣传口号——"德国制造"。

**克里斯托弗·曼奈柯斯**：这一宣传口号适用于我们制造的核心产品：插头和插座。你们已经看到了高度自动化的机器，它可以在几秒钟之内生产出关键部件。一台机器能制造数百万个插头和插座，以满足全球的需求。将这些高度自动化的流程拆分为分布在全球各地、自动化程度更低的各种工厂是毫无意义的。

我们在中国和其他地区主要提供零部件组装的相关服务。工业客户通常有非常特殊的要求，比如各种插座的组合、要求有微型断路器，以及需要挂在墙上等。

**赫尔穆特·科尔曼**：据我们所知，贵公司在工业电力联接领域已站稳脚跟。你们是怎么成为欧洲领先的电动汽车电力联接产品供应商的呢？

**华尔特·曼奈柯斯**：这是我们全家在加拿大的一个湖泊暑期度假时产生的绝妙想法之一。我们一家人坐在一条划艇上，谈论着这个世界和我们自己。我们意识到，任何电动汽车都需要电力联接产品。但是，市场上是否有相关配套产品呢？这种产品又需要拥有哪些特定的功能？哪家企业会开发这种产品呢？是汽车制造公司？还是提供电力的公用事业单位？还是家庭布线配件制造商呢？我们还坐着划艇在湖上漂荡时，我们就决定了要制造这种产品。这是发生在2007年的事情。

**拉扎罗**：是的，我是研发部的主管，对我们研发部的人来说，这是一个很大的挑战。但我们在六周内就形成了基本的战略框架。事实上，我们已经有了一定的基础，因为我们已经拥有一个将360伏特的电力线和用于传输数字数据的低压电线整合到一起的产品。而我们知道，电动汽车的插头需要满足电力传输和数据传输两种需求。

**华尔特·曼奈柯斯**：事后想来，我们已经在这项工作上耕耘了多年。我们认为，我们必须研发出更多插头的智能功能，仅仅传输电力是不够的。我们必须给产品提升附加价值，首先是产品的安全性，其次是产品在超负荷或危险的环境中的稳定性。但今天，我们还需要使产品拥有数据传输和传感器信号传输的功能。因此，电动汽车插头是我们在已经走了几十年的道路上取得的新进展。

**拉扎罗**：最后的挑战当然是说服位于布鲁塞尔的欧盟委员会，我们的产品是最优的。我们完整地向他们展示了充电站、联接头，以及产品在泥浆、潮湿和震动等恶劣条件下的工作情况。此外，我们还向其他供应商免费开放我们的专利。

**克里斯托弗·曼奈柯斯**：今天，我们已有数百种产品。我们可以为市场上的大多数电动汽车和混合动力汽车提供充电站和其他电力联接产品。

**赫尔穆特·科尔曼**：今天，这个产品线在贵公司的重要性是怎样的呢？

**克里斯托弗·曼奈柯斯**：今天，我们的销售额中有四分之一——约1.6亿欧元销售总额中的4 000万欧元——来自这个细分产品。目前，我们在建筑和机械领域投资了大约4 000万美元，用于开发这一新的细分市场和核心业务。对我们这样的中型公司来说，这是一笔巨额投资。

**拉扎罗**：公司的增长潜力令我们兴奋。我们不仅仅生产充电站和其他电力联接产品，还在开发用于智能电网的软件系统，这一软件可用于电池负载测试，还有必要的会计功能。

**克里斯托弗·曼奈柯斯**：这对我们来说是一个新的发展方向。我父亲把一家运营状况良好的企业交给了我，所以我现在要好好利用这个优势。我们都相信，电动汽车会是未来的趋势。毫无疑问，这个趋势已经在逐渐显现了。不确定的，这个市场的增长速度和动态是我们无法预测的。

**赫尔穆特·科尔曼：** 我们也无法预测未来，但我们可以肯定地说，这就是家族企业不断传承的意义。下一代人必须应对新的问题。请先跟我们谈谈你们家庭和企业的传承计划。

**华尔特·曼奈柯斯：** 事实上，我早就计划在65岁退休。我觉得这是正常的退休年龄。而且，由于我们对交接班准备得很充分，我也确实能退休了。

**佩特拉·曼奈柯斯：** 是啊，三个孩子一致同意应该由克里斯托弗来经营企业。克里斯托弗最初的梦想是当音乐家，他钢琴弹得非常好，同时，他还是个非常出色的鼓手。不过他还是比较现实的，他学的专业是工商管理。所以，他对交接班这件事是有所准备的。

**克里斯托弗·曼奈柯斯：** 记得我们全家一起讨论未来的时候，当时我们全家人正坐在一条划艇上。突然，大家停止了划船，问了一个简单的问题：公司如何传承下去？谁来接班？

**华尔特·曼奈柯斯：** 克里斯托弗毕业后，他进了ABB公司。之后，我们在英国的子公司出现了销售量下降导致的亏损问题。这个子公司有30位员工，除亏损以外，还有很多其他常年积累的问题。随后，克里斯托弗的母亲建议他去英国帮助子公司渡过危机。

**赫尔穆特·科尔曼：** 我们是不是可以这样说，母亲也参与到了公司事务中？

**华尔特·曼奈柯斯：** 确实如此。你知道，那些电工也来自家族企业。最有代表性的是，电工的妻子会在周末记账，全家人都参与到他们的工作中。既然我们是家族企业，作为我们的合作伙伴，他们当然希望与家族成员打交道。当电工客户来到我们企业的产品展台时，我的妻子佩特拉就在现场。

**赫尔穆特·科尔曼：** 这一点很有意思，而且也合情合理。当我们明确自己是一家家族企业，就意味着每个家族成员都对企业负有责任。因此，让我们再来谈谈继任者背负的责任吧。

**克里斯托弗·曼奈柯斯：** 最初，我并不愿离开 ABB 公司。我在那里只待了两年。我在 28 岁进入曼奈柯斯公司，就像是"跳进了冷水里"。但事后看来，那是一次非常具有挑战性的宝贵经历，而且对我非常有帮助。

**华尔特·曼奈柯斯：** 他必须克服眼前的困难，并解决很多问题，如裁员、提高销售价格、关停部分业务，以及推动 IT 系统的转型等。

**克里斯托弗·曼奈柯斯：** 的确，那是一段让我印象深刻的经历。那时我们面临着经济形势骤变和语言不通的困难。在那四年时间里我学到了很多东西。

**华尔特·曼奈柯斯：** 当我 65 岁时卸任 CEO 一职时，他加入了高管团队。

**赫尔穆特·科尔曼：** 克里斯托弗，你现在是什么头衔？是董事长吗？

**克里斯托弗·曼奈柯斯：** 我是总经理和大股东，实际上我也是集团的首席执行官。但我不需要强调这一点，因为所有的员工都知道。不过，在我的执行团队中，同事都比我大十岁左右，他们在曼奈柯斯公司已经工作了几十年。我必须尊重这些同事，这是最基本的。

**华尔特·曼奈柯斯：**就像我儿子所说的，他并没有特定的职位，也没有特定的产品责任或区域责任，但他负责整体的协调工作。在我看来，这种安排合情合理。因为当初我和我兄弟共同承担责任的经历就曾让我深受其苦。而两个人共同承担责任可能造成关系的破裂，而不会促进家族的团结。

**赫尔穆特·科尔曼：**接下来，我们重点谈谈交接班之后的阶段。克里斯托弗，你父亲真的把权利交接给你了吗？

**克里斯托弗·曼奈柯斯：**是的，说句公道话，他做到了。每当我需要建议的时候，我都可以问他。最初几年我经常问他。但即使在今天，他作为公司代表人出席活动对公司也是有利的。

**赫尔穆特·科尔曼：**就我们所知，放权需要两个先决条件，首先，长辈必须对公司的发展有信心；其次，长辈需要有家族企业之外的事可以消磨自己的精力。

**华尔特·曼奈柯斯：**你知道，我很在意公司的发展。为了掌握运营状况，我们公司建立了一套完善的月报制度。我会仔细研究这份三十页左右的报告。如果出现我预期之外的情况，我会让我的儿子向我解释。此外，我当然还会检查损益表。损益表的最后一行必须是"绿色"。在那一行，我的儿子至今一直用"绿色"书写利润栏最后一行的数字。

**赫尔穆特·科尔曼：**这是很有意思的方式，月报制度可以让长辈心安。顺便提一句，曼奈柯斯先生，在您担任首席执行官的时候，有没有也建立了一个类似的报告制度，让当时仍为股东的母亲心安？

**华尔特·曼奈柯斯：** 我们当时还没有这么先进的管理工具。当时我们是一家很小的公司，我全盘掌握企业的所有情况。

**赫尔穆特·科尔曼：** 现在您的精力都投入了哪些事情呢？

**华尔特·曼奈柯斯：** 我是我们地区旅游推广委员会的负责人，但更重要的是，我也是拜仁慕尼黑足球俱乐部的副主席，这也是一项很光荣、但也很耗时的职务。